STO

FRIENDS OF ACPL

S0-ERC-078

Idy, the Fox-Chasing Cow

DO NOT REMOVE
CARDS FROM POCKET

ALLEN COUNTY PUBLIC LIBRARY

FORT WAYNE, INDIANA 46802

You may return this book to any agency, branch, or bookmobile of the Allen County Public Library

DEMCO

IDY
the Fox-chasing Cow

IDY *THE*

THE WORLD PUBLISHING COMPANY
CLEVELAND AND NEW YORK

Ellen Margolis

FOX-CHASING COW
and other stories

ILLUSTRATED BY Kurt Werth

For Matthew

Published by The World Publishing Company
2231 West 110th Street, Cleveland 2, Ohio

Published simultaneously in Canada by
Nelson, Foster & Scott Ltd.

Library of Congress Catalog Card Number: 62-9062

FIRST EDITION

COWP
Copyright © 1962 by Ellen Margolis
All rights reserved. No part of this book may be reproduced in any form without written permission from the publisher, except for brief passages included in a review appearing in a newspaper or magazine. Printed in the United States of America.

Contents

About the Stories	7
THE LITTLE RED PIG	11
LAZY TOM	22
LAZY TOM KEEPS HOUSE	27
IDY, THE FOX-CHASING COW	36
THE WORLD'S SMARTEST CAT	45
THE POT OF GOLD	51
HIRAM GOES COURTING	57

About the Stories

ONCE upon a time there was a farmer. He lived with his wife in a little house nestled among the trees in a wooded crotch between two softly rolling hills. In the spring the farmer planted wheat and corn on those gentle hills, and his wife brought sweet bouquets of lilacs into the house; and in the summer they both watched the crops grow lush and thick, and the kitchen was rich with the aroma of simmering applesauce and berry jams. Fall came, burning orange and scarlet and brown, and finally winter settled down. The fields were still now, blanketed with snow. Drifts barricaded the road. The farmer and his wife warmed themselves by the stove; he whittled on a chair leg, and she mended. And to pass the long lonely months, she began, "Do you remember..." and soon the cold, lonely days were filled with the buzz of storytelling.

Down the road a ways in another farmhouse, another farmer and his wife and their children were sitting next to their stove remembering their favorite stories. And way far away in the next county, folks were sitting around the kitchen stove and telling stories. And in the next county and the next and the next... to tell the truth, all over the country, farm kitchens buzzed with storytelling. Many of the stories were much the same, for people carried tales around the country and told them to their friends. The versions of the stories in this book come from Ohio and have a sort of berry-jam taste to them, the kind of flavor that lingers in the farmer's kitchen long after the jam is sealed away in jars.

Some of the stories that belong in this tradition are funny ones, like "The Little Red Pig." Some are just anecdotes, really just pinches of story-batter. Ohio's funny stories have a kind of crispness all their own. Lazy Tom's doings are based on some of this anecdotal material.

Some of the stories are scary ones, like "The Pot of Gold." Most of the scary ones we have in Ohio have ghosts in them, or at least a hint of a ghost; and many are quite grisly.

Other stories are about people who may really have lived once and about whom many stories have grown up—a lot of them pretty farfetched and giving an exaggerated picture of the hero and his adventures. Ohio's favorite folk heroes, Johnny Appleseed and Mike Fink, are very famous fellows, so well known that I have not included them here. But Hiram in "Hiram Goes Courting" must surely have lived once, too, a kind of local folk hero.

I should like to thank Dr. Walter Vella and Miss Ruth

Murray of the Cleveland Public Library for their invaluable assistance in locating material, and Dave Webb of the Ross County Historical Society for his enthusiasm and help. Specific sources for the retellings included in this book are:

Cherry, P. P. *The Western Reserve and Early Ohio.* Firestone Park, Akron, Ohio: R. L. Fouse, 1921.

Darby, Erasmus Foster (pseudonym of David K. Webb). *Idy, the Fox-chasing Cow.* Chillicothe, Ohio: Ohio Valley Folklore Press, 1958.

———. *Sister Cat and Brother Mouse; a Family Type Folk Tale from Ross County, Ohio.* Chillicothe, Ohio: The Ross County Historical Society, 1947.

Glatting, Leo E. *The Widow of Lickskillet and Her Little Red Pig, a True Folklore Tale of Ross County, Ohio.* Chillicothe, Ohio: Erasmus Foster Darby, 1953.

Howe, Henry. *Historical Collections of Ohio.* 2nd edition. Columbus: Henry Howe and Son, 1890.

"Anecdote" and "The Pioneer and Wild Animals." Unidentified and undated newspaper clippings in the Hudson Library and Historical Society archives.

Taylor, Elizabeth. "Christian Cackler." 1950. Original manuscript in the Hudson Library and Historical Society archives.

The Little Red Pig

Down where the blue foothills of the Appalachians grow out of rolling Ohio fields, the gray farmhouses are tucked up against the sides of the hills. There lives an old widder-woman, Widder Willam to be exact, and her three rascally boys.

When the fog disappears under the warm morning sun, Widder Willam's three boys run out to the barn—digging their toes in the mud, tumbling over one another, and squealing like a flock of scattered geese.

"What's ter eat, Ma? I'm hungry'rn a hog," calls out Pete.

Widder Willam just sits there milking and listening.

"What's fer breakf'st, Ma? I'm hungry'rn a horse," calls out George.

Widder Willam just sits there milking and listening.

"And me," calls out little Alva. "Me, I'm hungry'rn a painter-cat."

"Imagine that!"

Widder Willam lifts up the milk bucket and puts away the stool. She trots off to the house with the three boys hanging on after her, yelping about being

> Hungry'rn a hog,
> Hungry'rn a horse,
> Hungry'rn a painter-cat.

Pretty soon the smell of sweet, warm griddle cakes comes steaming out of Widder Willam's kitchen, and the three boys are munching and chewing a mountain of griddle cakes down to nothing.

Every morning the same happenings take place. Widder Willam's three boys keep fussing and hollering until they get a stack of griddle cakes in them, and even then it's not long until

> One's hungry'rn a hog,

Th'other's hungry'rn a horse,
And little Alva's hungry'rn a painter-cat,
(Imagine that!)

Widder Willam's pretty tuckered out from cooking all the time for those boys. She thinks maybe she'll do something about their always being hungry.

Maybe, she says to herself, a panful of bacon on top'ud hold 'em.

The more she thinks about this idea, the more she comes to liking it.

And the way to get bacon is to raise up a pig, she thinks

to herself, and then she says her thinking out loud: "I think I'll buy me a pig come Saturday."

"A pig?" call out all her boys, gathering around her at once. "Why a pig?"

"So's we can have bacon," she says. "So's we can have ham. So's we can have sweet fat pork to feed them that's always

  Hungry'rn a hog,
  Hungry'rn a horse,
  Hungry'rn a painter-cat."

Sure enough, come Saturday morning Widder Willam sets off to town, and it's not noon yet before she comes back down the yellow clay road carrying a baby pig in a poke.

The widder puts her in the barnyard, shuts the gate tight, and calls the three boys out to see her.

"Pig! Pig!" calls Alva, but the smart little pig just sits there paying him no mind.

"Here, little red pig," Alva calls again. "Show us where your bacon is!"

"Yeah, little red pig," calls George. "Show us where your ham is!"

"Little red pig," calls Pete. "Show us where your sweet fat pork is!"

Widder Willam shows them where the bacon and ham

and pork are, and by then all that food talk has made her three boys

> Hungry'rn a hog,
> Hungry'rn a horse,
> Hungry'rn a painter-cat,

so they all run off to the kitchen for something to eat.

While they're chewing away at a stack of griddle cakes, their ma warns them, "Don't you nivver leave the barn gate open! Elsewise all that bacon 'n ham 'n pork'll be gone afore you know't."

But first thing you know, those boys are out at the barnyard swinging on the gate, and that pig, smart as can be, is sitting there waiting for a chance to dart out. Just as the boys give the gate one big push, out she goes—running down the garden path, through the weeds, and into the tall corn.

The three boys jump off the fence and run after her, hollering, "Here, little red pig. Here, pig. Pig." But the little red pig's much too smart to turn around, especially after all that talk about ham and bacon and sweet fat pork.

Widder Willam, hearing all the noise, looks out of the kitchen and sees those boys running. She runs out after them, and all four of them scramble among the cornstalks for that red pig. It's not long before Widder Willam catches hold of the pig and totes her back to the barn. Then she shuts the gate tight again, hoping the pig will stay put this time. The boys crawl out of the mess of broken cornstalks and brush themselves off.

It isn't much later that afternoon when the widder's shelling beans for supper, and she looks out her window and sees the barn gate standing open.

"Sakes alive!" she cries and drops her pan. The beans and the shells scatter all over the floor, but she pays them no mind. She just runs out into the yard looking for that little red pig. Sure enough, no pig in the barnyard, and there's the gate standing wide open.

Widder Willam twists up the corner of her apron into a worry knot. "It's them boys ag'in. I should of knowed. Should of knowed."

Then she looks around for that red pig. She pokes under the bushes and stirs up the fence rows. She spies into the corn patch. She looks under the porch. Then she starts down the lane, stirring up all the berry bushes.

She gets all the way out to the road, and still no little red pig anywhere. She looks up one way and down the other.

There, away off in the bend of the road, is a little red spot running along. "So there y'are," the widder hollers, and she takes off for that bend as fast as her legs will go.

Soon as that pig sees the widder coming after her, she starts to run, and the poor widder has to run faster. The

yellow dust flies up at her heels, and pretty soon she's covered with dust and mud from the road. But on she runs, and on runs the pig.

The widder catches her shoes in every rut, and soon her toes are all banged and bruised. She calls out, "Pig! Pig! Stop! Stop!" The pig just runs on and on.

The pig turns and takes off through McAllister's fields, and the widder tumbles down into the ditch and over the furrows after her. McAllister's hounds start barking, and everyone comes out to see what the fuss is all about.

"Run, Widder Willam! Run hard!" call out the children, jumping up and down, and the wee one squealing. This just scares the ornery pig and gets the widder mad as a bee. She tears her skirt on the fence and her socks on the bushes in the fence row, but she keeps on running, because on runs the pig.

Right through the yard that pig runs, and the chickens fly up, and the geese honk and hiss. The dogs lick the widder's heels and trip her. The cows dance and moo. On runs the pig.

She slips under the barnyard fence and past McAllister's house. She darts this way and that to get around all the children who are jumping around, yelling and clapping their hands.

Widder Willam climbs over the fence after her and gives one last lunge. Squeal, goes the pig, but the widder's got her at last. She twists and turns, but the widder hangs on tight. The pig pulls her forward and back, and the children tumble down and skip around on each side—until all of a sudden the pig stops pulling and the widder tugging and the children tumbling. All of a sudden it's all quiet in the yard and the yard is all covered over with big wet, white sheets.

Widder Willam rises up out of the heap of laundry and untangles her feet from the broken clothesline. She keeps that ornery red pig wrapped up in her apron and holds on tight. Panting and tired, her clothes torn, her skin scratched, her bruises aching, poor Widder Willam starts back home.

All the way home she mutters and sputters about those boys who can't think of anything except being

>Hungry'rn a hog,
>Hungry'rn a horse,
>'N hungry'rn a painter-cat,

and can't even remember to keep the gate closed on their ham and bacon and sweet fat pork.

By the time she gets home, she's decided not to leave that little red pig in the yard again. From now on, she'll keep her safe in the calving pen in the barn.

Wearily she walks into the dark, cool barn, about to put the little red pig down, when what does she see but... there, in the far corner, curled up asleep in the straw, there is another little red pig!

Down the lane comes Neighbor McAllister.

"Thanky. Thanky much, Widder Willam," he says as he takes back his pig. "T'was right kind of you to do the catching of it."

Widder Willam scarce can say a word. She just sits down on the kitchen stoop, thinking about her own red pig that was fast asleep in the barn all the time she was chasing down the road.

That's the end of the story of the little red pig, for the next thing the widder does is to up and paint *her* little red pig white.

Lazy Tom

WHEN Grampa Dawson hired Tom, he sure didn't know how lazy a lazy boy could be. Why, Tom was lazier than lanky tomato plants that won't even hold their own leaves up off the ground.

"Tom," says Grampa one day, "our apple trees are so full they're ready to burst, and the apples have gotten ripe as ripe apples can be. Should fetch a good price in market. You go pick those apples and pack 'em all in bushels!"

"Yes, sir," says Tom to Grampa. But to himself he says, Some other hired boys can go get themselves all tuckered out picking apples, but not this boy, Tom.

So Tom walks out to the orchard and looks around. Nobody here he can trick into picking apples for him. Then he looks at the apple trees. Maybe he can trick them into shaking their apples loose.

"Look at me, y'old apple trees," Tom hollers out, jumping up and down and shaking his arms over his head. "Look at all the fun you're missing." And Tom hops all around on one foot. "Can't you jump? Can't you dance?" And Tom races all over the orchard, bobbing his head, waving his arms, shaking and shivering and wiggling all over.

"Whew!" says Tom as he sits down in the shade. "Those apple trees are just too dumb to learn to dance."

Just then Millie, the cow, moos. Mmm, says Tom to himself. Um hmm. It may be that some other hired boys would go get themselves all tuckered out picking apples, but not this here boy, Tom.

Tom runs and gets a big jar of honey out of Mrs. Dawson's cupboard. Then he takes the jar of honey out to the barn and pours it all over Millie's back.

"Come on, Millie," he says, pulling at her collar. Millie doesn't understand English too well, so she doesn't come.

Tom has to tug and pull. Finally he gets Millie out of her stall, through the big barn door, out of the barnyard, past the gate, and out into the orchard.

"Millie," he complains, "you sure don't mind real good. Now listen to what else I want you to do. I want you to hop right up onto the branch of that apple tree."

Millie still doesn't understand. She just stands there.

"Come on, Millie," says Tom, and he tries to help her up into the tree. He pushes and he shoves; he shoves and pushes. Finally he gets Millie up into the apple tree, and there she is perched up on a branch, looking just like a little wee bird except for the fact she still looks a lot like a cow.

Pretty soon the flies begin to notice Millie up in the tree. "Honey!" they buzz to one another. "Look, there's a cow serving honey." And all the aunt-flies and uncle-flies, neighbor- and cousin-flies come buzzing around Millie.

Poor Millie doesn't like all those flies one bit. She squirms, but they don't get off, so she starts swishing them off with her big tail. She swings that big tail from side to side real hard and angry-like. Plop, down comes an apple from the tree. "Get away, flies," says that big tail, swishing and swinging and knocking down apples right and left.

Tom just sits down on the ground, packing the apples into a basket as they fall down around him. It's not long

before Millie's got all the apples knocked down out of the tree. Push, shove; shove, push. Tom gets Millie up into the next tree, and pretty soon the apples start plopping down. It takes Tom all day to get every last apple picked and packed away, what with having to get Millie from one tree to another; but when the job's finally done, he says to himself, Sure am proud of you, Mr. Tom, not being knuckle-headed like some other hired boys who'd be getting themselves all tuckered out picking apples. Hah, not this here boy, Tom!

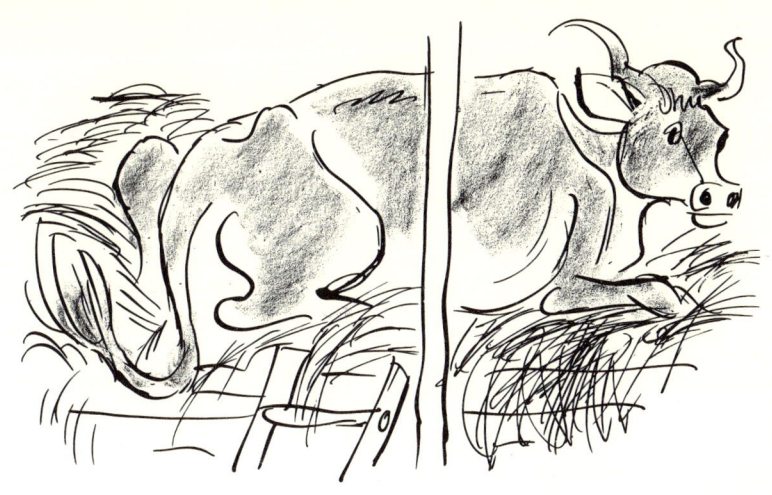

Lazy Tom Keeps House

"TOM," says Grampa Dawson one day, "we're going to a big family doing up Hartville way. Got a niece getting married up there, and we'll 'spect you to mind the farm and keep the house while we're gone."

"Yes, sir," says Tom, real happy and busy thinking up ways of lazying around when the Dawsons are gone and no one is there to watch him.

The next morning Tom's waving good-by to the Dawsons and smiling wide as can be. As soon as they're around the bend in the road, he's off to dispose of the chores as fast as he can.

First off he milks and feeds Millie. Hmph, he says to himself, no sense forking all this hay down every day. And Tom lifts Millie up the best he can and pushes her up the ladder to the loft. "That's a good place for you, Millie. All the hay you want, all day long."

Then it's egg gathering that Tom's doing. Moving every hen, picking up every egg, looking under all the odd places in the barn where hens might hide extra eggs... Then back to the house he totes those eggs. Hmph, he says to himself, no sense doing all this looking and toting just fer a handful of eggs. 'Ud be much better if those hens'd just lay the eggs where they oughtta.

And Tom goes running back and forth from house to barn bringing the chickens in and setting each one in a different pot or pan or cooking dish of some sort. "Now," he says, kind of proud-like, "the eggs'll come outta the hens right into the skillet and ready for frying."

By now the cats are mewing for their breakfast, and Tom fixes them a dish of milk. Hmph, he says to himself, no sense fixing them cats a breakfast every day. Tom goes and fills up the bathtub with milk and puts the cats in it. "Here y'are, kitties. Breakfasts, dinners, and suppers to last the week."

Now every day Grampa Dawson would have Tom hoe the garden, so Tom picks up the hoe and goes to it like he's supposed to. Hmph, he says to himself, after hoeing down half a row. No sense doing all this hard work if'n there's a way to get it done for me. It's about time old Skipper started earning his keep around here. Tom fetches the old hound from his shady spot under the lilac bushes. He ties the hoe to Skipper's tail. "Now," he says, "every time you wag your tail, the hoe'll go up and down, chop chop." And Tom sits back in the shade waiting for Skipper to wag his tail.

Skipper isn't much used to carrying a hoe around on his tail, and the weight of it makes him unhappy. And as you know, an unhappy dog doesn't wag his tail.

As for the cats in the tub, they don't like swimming around in the milk, so they all jump out and shake off as much as they can, shaking milk this way and that—on the wallpaper, the sofa, the floor, the rugs, and everywhere a cat can climb.

And the chickens don't stay put in the pots and pans. They run all over the house, making nests in all the best parlor chairs and under the beds.

Millie has never been up in the loft with all the nice clean hay before, and she has a wonderful time, jumping around in it, sliding down it, and tossing it around. Pretty soon

Grampa Dawson's neat hayloft isn't very neat any more, and all the nice clean hay isn't very clean. But Millie is having a wonderful time, and so is Lazy Tom, who doesn't have to do a thing the whole time the Dawsons are gone, since he has figured out ways of having the chores do themselves.

When Grampa and Mrs. Dawson come up the drive and see Millie's head looking out the loft window, Grampa Dawson hollers, "Did you ever!" and goes dashing up to the barn to see what all could be going on.

Mrs. Dawson looks around to see where Tom can be. First thing she sees is poor Skipper carrying that hoe around on his tail and looking pretty sad about it. The cats are all stringy-haired from bathing in milk; and the house is full of chickens. Pots and pans are set here and there, milk spots everywhere, and the tub is full of sour milk. "Well, I never!" says Mrs. Dawson, and she really never, never in her whole life has seen such sights.

Grampa and Mrs. Dawson decide that it isn't any help to them to have such a rattle-brained lazybones working for them as Tom—so Tom has to pack up his clothes and go out looking for another place to hire out.

"I'll go to town and fetch another hired hand," says Grampa Dawson, and he starts down the road in the other direction. Pretty soon he comes to a house with a row of

stumps in front of it, and there in the front yard is an old lady swinging an ax at a right good apple tree.

"Howdy," says Grampa, tipping his hat polite-like. "Why're you cutting down that tree?"

"To get my kitten down," replies the old lady, hacking away at the trunk some more.

"Seems an awful shame to cut down that tree just for a cat bein' stuck."

"Sure is. Sure is a shame I had to cut down them others, too."

Grampa Dawson stands there, shaking his head. Looks like here's someone just as foolish as our Tom, he thinks to himself. Then he tells the old lady to stop all that chopping, and up he climbs into the tree, picks up the kitten, and brings it down safe again.

Grampa goes on his way toward town again, musing that one all around. But he doesn't get very far on his way when he comes to a farmer wearing a big apron all tucked up and pinned up and filled full of chickens. Now this farmer was in the middle of hoeing his kitchen garden; leastwise he was trying to, but with every swing of the hoe the chickens would squawk and flap around in his apron, and the whole apron would rise up with their flapping and get in his way.

"Howdy," says Grampa. "Why're you wearing that apronful of chickens? Must be a terrible nuisance."

"Sure is a nuisance," says the farmer, "but it's the only way I can keep them from running all over the yard and getting out in the road."

Grampa Dawson is flabbergasted from seeing such goings on. Now our Tom, foolish as he was, wasn't ever near this foolish, he thinks to himself. Then he tells the farmer all about fence building and sends him off to build himself a fenced-in chicken yard.

"Well. Well." Grampa is off again to see what sort of hand he can find in town, but he isn't much farther down the road when he sees a man pushing a horse in a wheelbarrow. The man is all tired out; his face is wet, and his back is stooped from pushing.

"Howdy," says Grampa. "Why're you pushing that horse along?"

"I'm taking him to town to sell."

"Y'are? Why don't you *ride* him there?" asks Grampa, and the other fellow looks at him, real surprised.

"Why, I never did think of that," he says and gets the horse out of the wheelbarrow, jumps up on him, and rides away. "Thanky," he calls back as he waves to Grampa.

"Thanky, yourself," says Grampa, "for showing me what a fine boy I had in Tom!" And Grampa Dawson turns back down the road, running as fast as he can to overtake Tom.

Idy, the Fox-chasing Cow

When the Groady family had something, they sure had plenty of it. When it came to boys, they had five; when it came to hounds, they had eleven; and when it came to hunting, not two days went by but at least one was spent in hunting.

As for cows, all the Groadys had was one worn-out old Jersey, but she was due to freshen in the spring; and when she did, that's how Idy came to be. "Now," said the Groadys, "we got two cows, next year'll be four, and the year after, eight. Quite a herd we got here."

But sad for the Groadys and sad for Idy, too, the old Jersey passed away. "Poor Idy," said the Groady boys. "Guess we'll have to take special care of her." And what, to the Groadys at least, could be more special than being treated just like one of their hounds? So they fed her every morning and night right along with the dogs.

"Here, boys," they'd call, and the dogs would come racing and tumbling over to the back porch. "Here, Idy," they'd call, and Idy would come running, too. Then, with all the dogs yelping and Idy mooing, out would come the dishes of food, and Idy'd stick her nose right down among the hounds' and gobble up her food.

Of course, Idy was a vegetarian; that is, she wouldn't eat any meat at all. But except for that, she ate pretty much like all the dogs—like all the dogs put together, that is. And she got to smell more and more like a dog from being around them so much; and you know how dogs are—if you smell all right, that's good enough for them. . . . So Idy came to be accepted as one of the pack by the Groady hounds.

"Here, boys," the Groadys would call, and all those dogs would come running. "Here, boys!" Idy would prick up her ears and shake her tail just like she'd seen those dogs doing, and along she'd come. She'd scramble down the hillside, run down the lane, and race down the road to the woods. No matter where the five Groady boys went, Idy'd follow along.

All the Groadys' thinking and eating, their playing and talking, centered on hunting. They were the huntingest family that ever moved into the valley, probably the huntingest people in the whole state. When the farmers were out racing with spring weather to get their plowing done, the Groadys were out racing with the hounds ahead, to get a little hunting in.

When the valley people were turning off their lamps and thinking about getting a good night's sleep, the Groadys were getting restless to go on an all-night hunting spree. Then when the yelping of the hounds and the hooting of the Groady boys echoed through the valley, people would toss and turn in their beds and wonder, Don't those Groadys do anything but hunt? And halfway through the summer when it seemed for sure the Groadys would never start gardening or plowing or planting, people would snicker. "Them Groadys got huntin' fever," they'd say to each other.

Now the summer that Idy joined herself up with the Groadys' hounds, the valley people sure had something new to wonder about. When the dark had closed down on the countryside and all the lights in the windows flickered off one by one, then the sounds of a Groady hunting party would start up. But oh, my, this year there was more than just hounds yelping and boys hooting and an occasional shot or two. Oh, my! This year there was also a long, low, braying moo, more like a bellow than a moo, but more like a moo than a yelp—and louder than the noise of all eleven hounds put together. For anyone who's never heard a cow out hunting, it was a pretty frightful sound to come echoing out of the woods at night.

   The valley people really did sit up and notice. Farmers grabbed up their guns and came and stood on their porches in their sleeping suits. The womenfolk jumped out of bed

and ran around the house, closing and locking all the windows. Pretty soon what did people see crossing the fields and leaping over the fences but the Groadys' eleven hounds followed by a strange, giant-size hound with a high bony back, a long tassley tail held out straight (just like a good fox hound), and a bulby nose sniffing along the ground (just like a good fox hound). There went the hounds sailing over a fence, and there followed this weird critter sailing over it right after them. There went the hounds pivoting on the spot when the scent changed, and there went the critter turning swift and graceful after them.

Even after people learned that this strange critter was just Idy, they still sat up gawking after her when the Groadys went hunting. And even when they knew it was Idy's loud and mooish bellow, they never did stop lying awake at night to listen to it.

And, of course, the Groadys never did take much time off from hunting to work at farming their place. The weeds just grew and grew, and the fields started changing back into wild places. Idy never did discover that a cow was

41

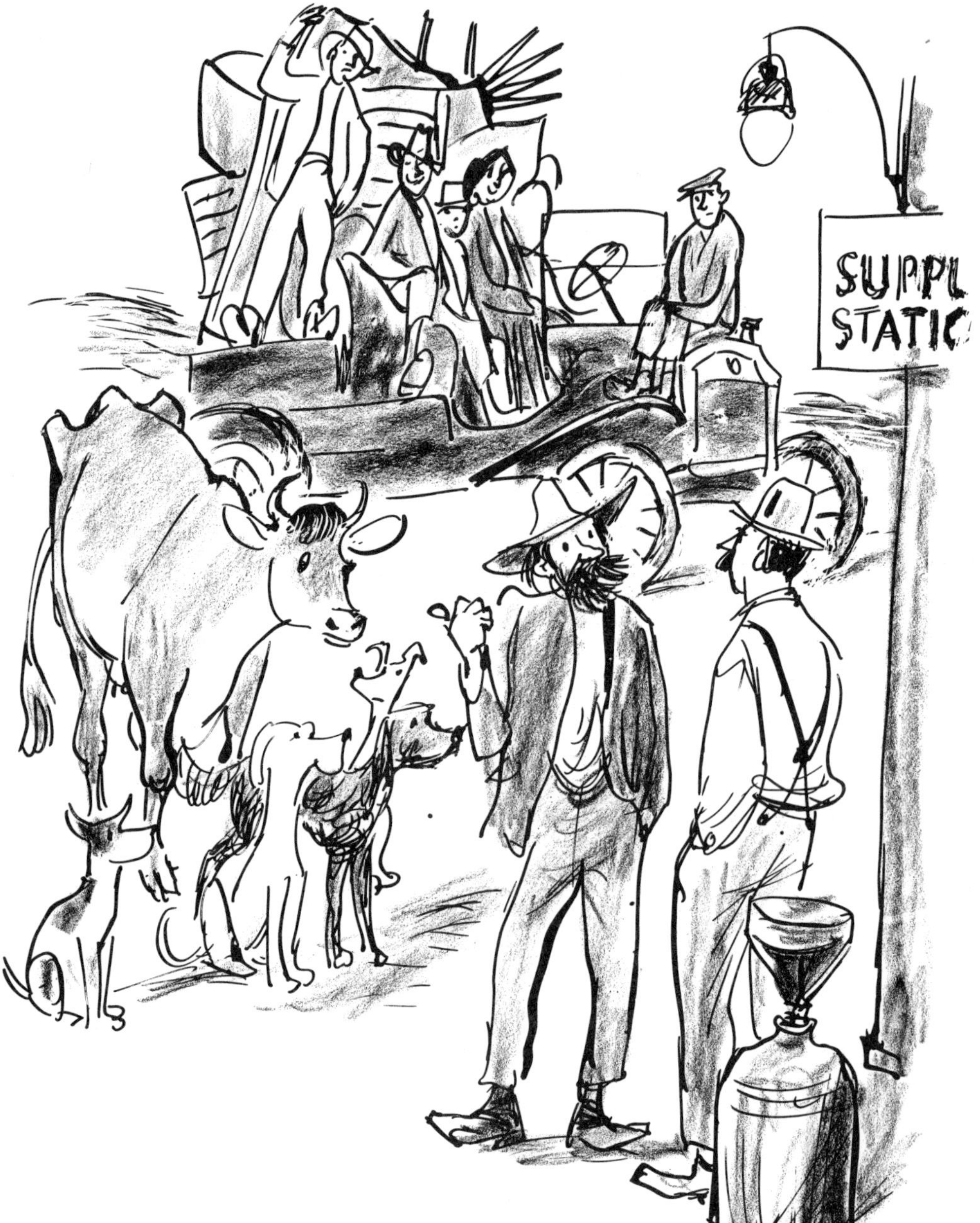
SUPPL
STATIO

supposed to stay at home and give milk, and the Groadys never cared to make her into anything but another good fox hound, such hunting people they were. Well, the Groady place just got seedier and seedier, and the Groadys got poorer and poorer. Seemed like finally there wasn't anyplace in town left where they could charge or borrow, so they decided to move on to a "better farm," as they put it.

"Better farm, hah!" said the valley people. "Just looking for a new place for hunting and a new bag of debts."

The Groadys packed up their household things and their twelve hounds (for they counted Idy now) and their five boys and started off. They didn't get very far before their old pickup truck started to sputter and fuss—no more gas and not a dollar to buy any. Pa Groady walked to the nearest gas station and asked for a can of gas, but the fellow who ran the station knew all about the Groadys. "Sorry, Mr. Groady. No cash, no gas. Company rule," he muttered.

"Well," said Pa Groady, thinking how he could work his way around this one. "Well. Just happen to have no money with me, but I do have some of the best fox hounds in the county. Mebbe we could work out a trade."

"Nope. No trade. Don't have time to waste huntin'."

"Well," said Pa Groady, still figuring a way to get gas. "Mebbe could trade for a cow. 'Course she's a mighty fine cow to trade for just a can of gas. Mebbe two cans'd do it, though."

"Mebbe so," agreed the gas-station fellow, knowing the cow was Idy, but not knowing how little she knew about being a regular milk cow.

And so it was that the Groadys got a couple of cans of gas and rode off, leaving their dear Idy behind. It did break their hearts to lose a good fox hound like that. And as for Idy, she never did turn out to be a good cow but just wandered around looking for a good hunt to join up with. The gas-station fellow soon tired of having a cow that wouldn't behave like a cow, so he traded her off to somebody else, and it wasn't long before Idy got traded off again. Nobody knows exactly whatever did become of her, though the valley people sure were glad to be able to sleep at night without being waked by Idy's fearful mooing.

The World's Smartest Cat

Mrs. Burger kept chickens. She kept geese. She kept pigs.

Mr. Burger used to come in to supper and find her busy shooing pigs back into the pen, chasing chickens out of her garden, and sweeping geese off the porch. "Sure got enough animals here to keep you busy," he'd say.

"Sure do," agreed his wife, a little breathless from running and scolding. Jut then a little gray mouse ran across the kitchen floor. Mrs. Burger picked up the broom, and off she went after him, scolding and running until he'd disappeared under the porch. "But we do need a cat," she added.

"A cat?"

"Why, every kitchen needs a cat, a cat to keep mice out of the cupboards and to rub her back against your ankles and keep you company."

So Mr. Burger agreed to get his wife a cat. The next day he went to town and came back carrying the softest, purringest cat you ever saw, with fur the color of twilight.

"Sure is the world's prettiest cat," said Mrs. Burger. "And sure is the world's softest cat," she added as the cat rubbed against her ankles. "Now we'll see if she's the world's smartest cat."

She picked up the cat and took her out to the porch. "Look here, Kitty. Here's where a gray mouse lives, and if you catch him, I'll give you a big saucer of cream."

Well, the gray mouse soon gave Kitty a chance to prove whether she was the smartest cat in the world or not. He came racing out from under the porch. Kitty sprang after him. Up on the porch ran the mouse, and after him ran Kitty. He led Kitty into the house, under the chairs, all around here and there. Poor Kitty raced and chased, but she simply couldn't catch that gray mouse. After a while the mouse slipped back under the porch and was safe in his hiding place; Kitty just lay down on the ground and looked after him. She hadn't even enough strength left to mew and scratch after him.

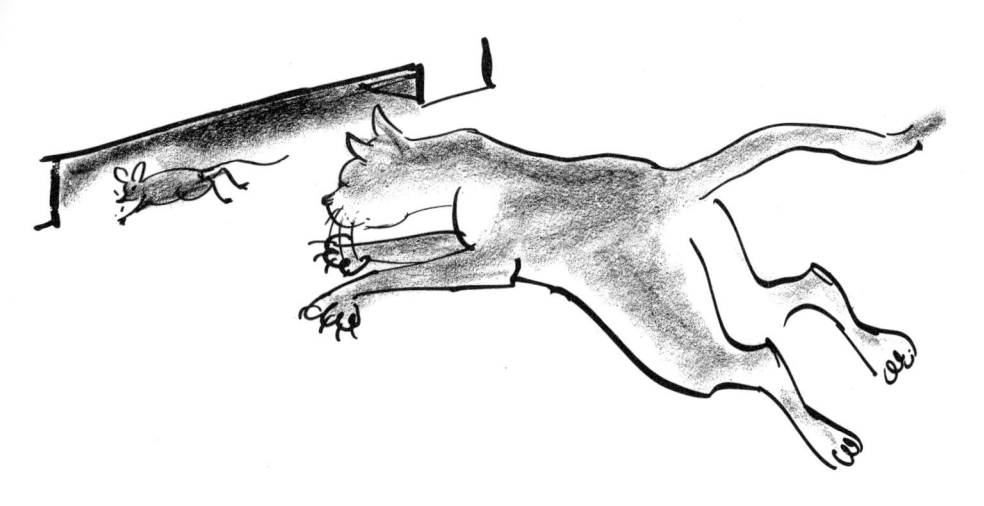

"Poor Kitty," said Mrs. Burger. "All that racing and chasing, and you didn't quite earn your saucer of cream." But Mrs. Burger knew what hard work chasing is, for many's the time she'd scolded and chased her chickens and geese and pigs until she was just as tired as Kitty, so she poured Kitty a big saucer of cream anyway.

The next day the gray mouse came out of his hiding place just long enough to give Kitty another wild run. Then he disappeared under the porch again, and Kitty was left exhausted and disappointed.

"Poor Kitty," said Mrs. Burger, again feeling sorry for the cat and again giving her a big saucer of cream.

Now Kitty did turn into the world's nicest house cat, rubbing her soft back against Mrs. Burger's ankles and being just the best sort of purring company. But there was one thing Kitty never could do and that was to catch the gray mouse.

The mouse just got fatter—and faster. Every couple of days or so he'd turn up and make Kitty chase him all over without letting her get anywhere near enough to catch him. Oh, the scurrying and the racing and the commotion that went on! And, of course, even though Kitty didn't catch the mouse, Mrs. Burger felt sorry for her and kept giving her saucers of cream.

One day Mr. Burger came in from the fields and saw Mrs. Burger poking under the porch with a broom handle. "What's gotten under there now? A pig?"

"Nope," said Mrs. Burger, poking away like fury.

"Some stubborn geese?"

"Nope."

"Not pigs, not geese—must be your silly chickens then."

"Nope. It's not pigs or geese or chickens. It's that gray mouse I'm after. Just keeps gettin' fatter and faster, faster and fatter. Near tuckered poor Kitty out again just now, making her chase him here and there, up and down, and then just skipping out of sight."

    Mrs. Burger kept on grumbling and searching around with the broom handle, and Mr. Burger tiptoed into the kitchen to see whether poor tired-out Kitty was perking up by now. There was Kitty plumb in the middle of the kitchen floor, lapping cream out of a big saucer. And there, right beside her, was that gray mouse sharing the treat.

The Pot of Gold

Brewster and Tom heard talk of the pot of gold from their granny. Many a long evening they sat listening to her tell of wonderful and strange things—things that would make a brave man shiver and would keep two boys, such as Brewster and Tom, awake half the night listening for fearful sounds in the dark. Their granny knew tales about every sort of strange thing: about Indian spooks that prowled through the swamps looking for the settlers who had shot them; about a headless dog as big as a wildcat and

51

as strong as a bear; about trees that talked, and haunted houses; and, most wonderful of all, about the pot of gold.

It was a real pot of real gold, she said, just sitting there waiting for some brave fellow to go and fetch it. It was buried in the corner of a field at Falor's Crossing and had been put there under a spell. The spell, their granny said, made it impossible for anyone to claim the gold unless it was done in the middle of the night and all in silence.

A pot of gold, mused Brewster and Tom. A whole potful of gold! And all their thinking about it soon grew into wanting it, and so it was that Brewster and Tom finally gathered up their courage and decided to go get the pot of gold.

They waited for a night when the sky was clear and the moon round and bright. They didn't say a word to anyone but went to bed and lay under the covers, waiting and whispering. They waited until everything was still, and the last crunch of footsteps and the last clicking of door latches had faded away in the quiet of the night. Then, sure that everyone was asleep, they crept out of bed, slipped on their clothes, and tiptoed out of the house.

Down the road they walked, down the road, around the bend, uphill and down. Dark shadows moved and took the shapes of strange creatures lurking behind the trees. The foliage rustled, and the moonlight changed it into shaggy-headed spooks. Brewster and Tom started at every sound and trembled at the strange arms and faces that seemed to be slithering among the shadows, but they did not dare whisper even one word to each other. They walked on and on, and remembering their granny's tale, they kept still. *Hush, hush,* said the rustling leaves and sliding branches in the woods. *Shoosh, shoosh,* said the leaves underfoot; and *aah-hoo,* called an owl. But the two boys, shaking with fright, said nothing as they made their way to Falor's Crossing.

There, in the moonlight, the fields were silent and empty. Brewster and Tom didn't have the slightest idea where the pot was buried, but they started digging—a little here and a little there. Soon there were holes and heaps of fresh dirt all over the place. The boys, afraid that at any moment a spook might jump out of one of the shadowy fence rows, kept digging as fast as they could and all the time saying not a word.

Suddenly Tom's fingers scratched against something hard and cold, hard and cold as the side of a metal pot! Tom motioned to Brewster to help him, and the two boys made the dirt fly until they had uncovered a large iron cooking pot. Tom lifted the lid and gasped. Inside, the pot was packed full of strange gold coins. Brewster and Tom were stunned. They had never before seen a gold coin and never ever expected to see as many as this. It was all they could do to keep from shouting out.

They tried to pick up the pot to carry it home, but with all their tugging and pulling they could barely manage to move it. At last, after all sorts of motions and pointing, they figured out a way to carry it. They took a long wooden pole from the fence and slipped it through the handle. Tom took one end of the pole and Brewster the other, and with the heavy pot swinging in the center, they started home.

It was slow going, carrying that heavy pot, and the woods were still filled with shadows and spook-shapes. *Hush, hush,*

said the rustling leaves and sliding branches. *Shoosh, shoosh,* said the leaves underfoot; and in the distance the shivery *aah-hoo* of the owl. But Tom and Brewster said nothing, just kept on walking homeward.

Now it was hard to see where they were going, and it was even harder to keep a straight path with the weight of the pot swinging and tipping on the fence rail between them. They weren't halfway home when Tom tripped over the root of a tree, stubbing his toe and banging his shin on the hard trunk. Before he could catch himself, he let out a screech: "Yeolp!" And then he clapped his hands over his mouth.

The boys looked at one another, wondering whether Tom's "yeolp" would count as a word and break the spell. And count it did. *Tinkle, tinkle, clang, clang.* The pot began to swing violently from side to side and the tinkle and clang of the coins banging inside it grew louder and louder. Brewster and Tom stared at it in horror.

Suddenly there was a great rushing, windy sound, and the pot slowly disappeared into the ground. The tinkling and clanging of the coins became fainter and fainter as it sank farther and farther down, and soon faded away. The pot was gone.

Next day, Brewster and Tom searched all around where the fence rail lay, but there was no pot and no trace of the place where the earth had swallowed it up.

Hiram Goes Courting

IT'S BEEN a good hundred years since Hiram Thompson was alive, but folks are still talking about him and the sight of troubles he had while courting his Sabrina. Sabrina's folks lived down toward town a ways, while Hiram's lived clear up on the ridge; but Hiram had seen Sabrina once or twice, and it came to his mind to go down there to court her.

At first Hiram took to riding by Sabrina's home, and if she was in sight, he'd tip his hat. "Howdy," he'd say; and that's all he'd say, just fingering the brim of his hat and riding by. Sabrina didn't suspect anything until after ten minutes or so, Hiram would ride by in the other direction. "Howdy, Miss Sabrina," he'd call to her and ride on by.

"What's Hiram Thompson doing?" all the young ones asked, teasing Sabrina.

"Him? He's just riding on down to town." Or she'd say "*from* town," depending which way he'd come from.

It wasn't long until all the youngsters caught on to how Hiram was doing all that traveling just to catch a look at their Sabrina. They'd perch on the fence rails along the road, and as soon as they saw him coming, they'd call out:

> "Hat on his head, boots on his feet;
> Hiram's out to see his sweet."

And Hiram would turn red from the top of his Sunday collar to the brim of his Sunday hat. And Sabrina, who'd begun to make excuses to spend the afternoon on the porch from where she could see the road good and clear, would twist her hankie all up and around, what with hoping and worrying that Hiram would stop this time.

Poor Hiram Thompson. There he was with his

> Hat on his head, boots on his feet;
> He sure did want to see his sweet.

But it seemed that every time he rode by, it was harder to

stop. He'd just blush and call out "Howdy" and keep on riding.

And the youngsters would keep on teasing and giggling. "Hat on his head, boots on his feet," and they'd double over with laughter.

Then one day all of a sudden Hiram knew what he'd do. He whisked his hat off his head and tossed it over the fence.

"Mighty windy day," he remarked, getting off his horse and coming into the yard. The youngsters didn't say a word. They just sat there dumfounded at how Hiram's hat could have blown so far when there wasn't the least notion of a breeze in the air.

And that's how Hiram Thompson came to start courting Sabrina. Sabrina was sure glad to have him come visiting. "Sit down and stay a while," she asked him, and sit down and stay he did. It seems that slow as he was to make up his mind to stop, he was even slower about leaving.

Now in those days the woods around here were full of bears, wolves, and panthers. Many a settler met up with a bear in his front yard. A bear would walk right into a clearing, seize a pig, and carry it squeaking and struggling to the woods. And before the settler could gather his wits together, the bear had eaten the pig for dinner. So, what with the wolves and panthers being no less bashful than the bears, it was hardly a wise thing to venture out alone at night. But when Hiram Thompson made up his mind to sit a spell with Sabrina, there was no telling him to be sensible. Hiram spent all afternoon on Sabrina's porch; he stayed on for supper, and lingered through the evening. It was dark by the time Hiram got around to leaving Sabrina, but he just got on his horse and rode off as though there wasn't a bear or wolf in the whole country.

Now just as you'd suspect, Hiram wasn't much of a ways down the road before a hungry old bear spotted him. Out from the brush stepped the bear, right in front of Hiram's horse. The horse snorted and turned and reared with fright, and Hiram, too startled to think, tumbled off. The horse raced off as fast as it could, leaving Hiram sitting right in the middle of the road, face to face with the bear.

Hiram scrambled to his feet. He felt out in the dark for the nearest tree and started climbing. He could hear the bear stepping around in the dark below, looking for him. Up and up he climbed. Every time Hiram heard a scrunch from below, he'd know it was the bear, and he'd climb up higher.

Hiram sat up in that tree, shaking and worrying. What if the bear decided to follow him up the tree? *Scrunch, scrunch*, came from below. Then all was quiet. That bear must be sitting down there waiting for me, thought Hiram, glad to be so high up in the tree. Well, he can just wait all he wants. And Hiram tried to make himself comfortable.

Time passed, and Hiram sat and listened, listened and waited. Pretty soon his head began to nod. Hiram woke up with a start. Near fell off this branch right into the bear's lap, he mused to himself. And now he started to worry and shake anew. He had to think of some way of outlasting that hungry bear. He pulled his big checkered bandanna out of his pocket. First, he tied one end around his middle, and then he tied the other around the tree. Then, doze as he might, he was safe.

And Hiram did doze. He slept and slept. Day came and the bear wandered away, but Hiram kept on sleeping.

After a while one of Sabrina's brothers came down the road. Something red up in the tree caught his eye, and when he looked up, what did he see but Hiram's big bandanna with Hiram tied up in it! You should have heard the fellow laugh. His laughing woke up Hiram, and it drowned out his trying to explain about the bear; but it didn't stop Hiram from putting

> His hat on his head and boots on his feet;
> And coming by to see his sweet

the very next time he had a chance to. And it didn't stop his staying clear till dark again.

Yes, sir, the next time Hiram Thompson went courting Sabrina, he had no more sense about leaving early than he had the first time. But this time it wasn't a bear that popped out of the woods. It was a large, hungry wolf, snarling and growling and nearly frightening poor Hiram to death.

Hiram spurred his horse and tried to outrun the wolf, but the wolf could run as fast as the horse and soon was snarling and snapping at Hiram's heels. Hiram took his riding whip and tried beating the wolf back. He couldn't beat him away, but at least he kept the wolf from coming any closer. And so it was that the noisy threesome—growling wolf, frightened horse, and terrified rider—raced through the woods, all the time Hiram whipping the wolf as hard as he could.

Now as the wolf got riled up, his brothers in the pack heard him and reasoned that there must be something pretty good on the trail to warrant all that snarling. They came running out of the woods, and soon the whole pack was growling and snapping at Hiram's heels.

Hiram urged his horse on faster and faster, and he swung that whip so hard and furious that it wasn't long till it began to wear out. Soon the whip was in shreds, and Hiram was left with nothing to fend off the wolves—nothing, that is, except his umbrella which he had tucked behind him.

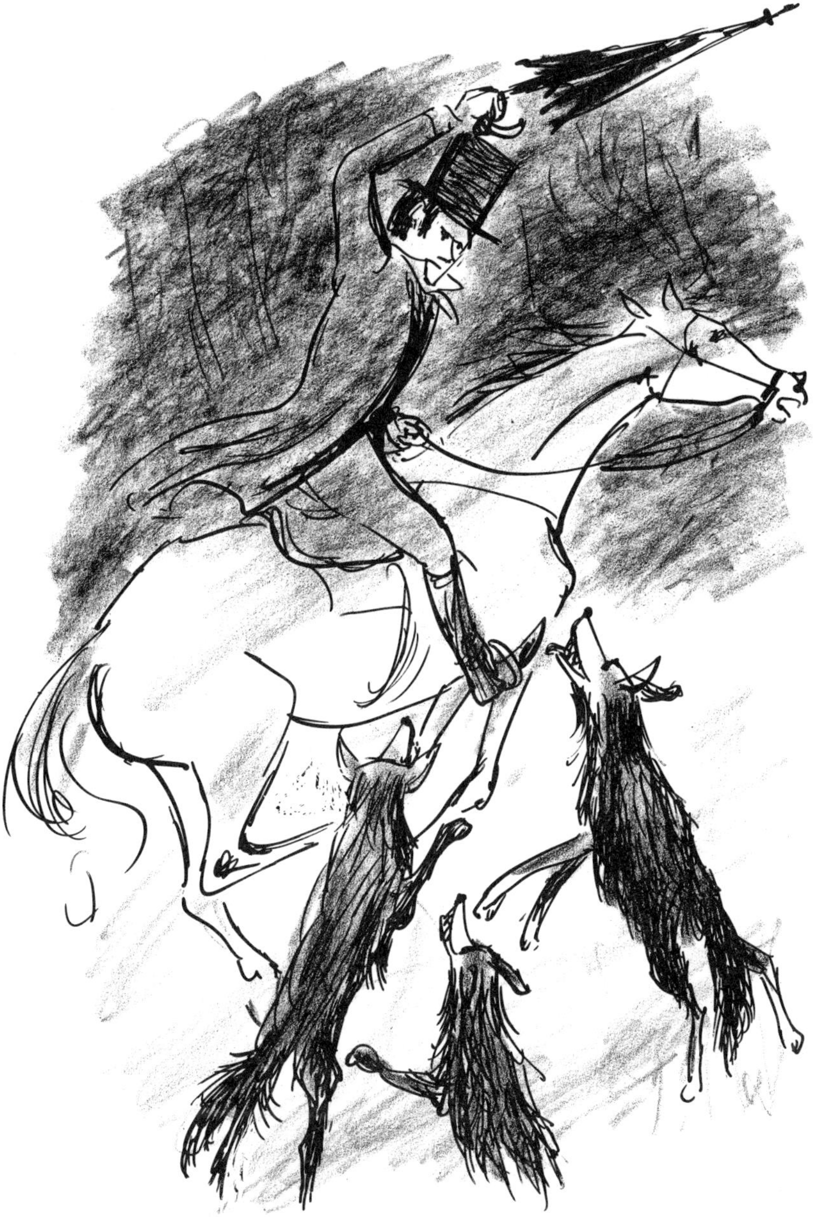

So Hiram grabbed his umbrella and began flailing away with it. Growling and angry, the wolves followed him, but what with that umbrella swinging hard and fast, they never got quite close enough to drag him down.

When Hiram finally got home, he rode his horse right up into the house and slammed the door tight against the wolves. Hiram's father and brothers, hearing all the commotion, leaped out of bed and snatched up their rifles. "What's doing, Hiram?" they asked, but before he had time to answer, they heard the wolves howling and saw the pack outside the window. They didn't waste any time, just aimed and fired and fired again, and in the morning there was a real big pile of dead wolves out in the yard.

Now whether Hiram ever did get any sense frightened into his head, I never found out, but I do know he kept on courting Sabrina and one day took her for his bride. And folks kept talking about his putting his hat on his head and his boots on his feet, and riding down to see his sweet, but now they respected him. For so far as anyone knew, there never was another feller ever licked a pack of wolves with an umbrella!

Joxemari Iturralde (Tolosa, 1951) es uno de los autores más destacados de las letras vascas actuales. Ha publicado las novelas *Nafarroako artizarra* (1984), *Izua hemen* (1989), *Kilkirra eta roulottea* (1997), *Euliak ez dira argazkietan azaltzen* (2000) y *Hyde Park-eko hizlaria* (2004). También ha escrito narraciones breves, relatos infantiles y juveniles, letras de canciones y libros de viajes. Es catedrático de literatura, traductor y presidente del PEN Club Vasco. En 1977 fundó la banda literaria POTT con Bernardo Atxaga, Manu Ertzila, Jon Juaristi, Ruper Ordorika y Joseba Sarrionandía.

Golpes de gracia

Joxemari Iturralde

Golpes de gracia

Joxemari Iturralde

Prólogo de Ignacio Martínez de Pisón

MALPASO BARCELONA MÉXICO BUENOS AIRES

Prólogo

Tras la muerte de Franco, las principales iniciativas para la renovación de la literatura en lengua vasca orbitaban en torno a una revista llamada *Pott*. Aunque modesta y de efímera existencia, la revista dio nombre a la Banda Pott, un grupo de jóvenes escritores sin los que difícilmente podría entenderse el posterior florecimiento de la literatura euskalduna. El núcleo principal de aquella cuadrilla de amigos estaba integrado por Bernardo Atxaga, Joseba Sarrionandia, Jon Juaristi, Ruper Ordorika, Manu Ertzilla y Joxemari Iturralde.

Han pasado casi cuarenta años desde entonces, tiempo más que suficiente para hacer un balance provisional de los muy diferentes destinos que la vida tenía reservados a cada uno de sus miembros. Bernardo Atxaga, seudónimo de Joseba Irazu, no necesita presentación: desde la publicación de *Obabakoak* en 1988, es considerado el más universal de los escritores vascos. Joseba Sarrionandia, también conocido como Sarri, protagonizó una famosa fuga de la cárcel de Martutene (donde cumplía condena por pertenencia a ETA) y, aunque permanece en paradero desconocido desde 1985, ha seguido publicando con regularidad. Jon Juaristi inició tempranamente una evolución política que (como sabrá cualquiera que haya leído *El bucle melancólico*, acaso su ensayo más celebrado) lo llevaría a convertirse en auténtico azote del nacionalismo vasco. Ruper Ordorika, consolidado enseguida como uno de los principales cantautores vascos, ha grabado una veintena de discos. Por su parte, Manu Ertzilla, con un ritmo de producción más pausado, ha publicado dos poemarios y dos novelas.

El miembro restante de grupo es el tolosarra Joxemari Iturralde, también conocido como Jimu. Autor casi secreto fuera del País Vasco, es sin embargo uno de los grandes de la literatura en euskera. Viajero impenitente, en ocasiones se ha valido de sus propias novelas para trasladarse en el tiempo y el espacio. En *Euliak ez dira argazkietan azaltzen* (*Las moscas no salen en las fotos*, 2003) iba y venía entre un Londres y un Bilbao envueltas en una atmósfera de novela negra. En *Hyde Park-eko hizlaria* (*El orador de Hyde Park*, 2010) se establecía nuevamente en Londres para escuchar las viejas historias de un exiliado vasco. En *Vida del auténtico Andy Bengoa* (2010), el único de sus libros escrito en castellano, rastreaba las andanzas por medio mundo de un aventurero norteamericano de raíces vascas. Y en *Ilargi horia* (*Luna amarilla*, 2012) viajaría al protectorado español de Marruecos y a los paisajes desolados del Desastre de Annual...

Su novela *Golpes de gracia* (que en vasco se titula *Perlak, kolpeak, musuak, traizioak*, es decir, *Perlas, golpes, besos, traiciones*) es también un libro viajero. De Guipúzcoa al mundo: siguiendo la pista de los boxeadores Paulino Uzcudun e Isidoro Gaztañaga, el lector conocerá multitud de escenarios repartidos por Europa y América. Uzcudun y Gaztañaga nacieron respectivamente en Régil y en Ibarra, localidades ambas próximas a Tolosa. La antigua capital guipuzcoana se erige en centro de un pequeño universo que por circunstancias diversas (la seducción de la *bonne vie* parisina, los circuitos deportivos internacionales, la experiencia del exilio) acaba ampliando su perímetro hasta abarcar continentes enteros. En el centro de ese pequeño universo tolosano están los viejos amigos del club GU, patrocinadores primero de los dos púgiles, testigos después de sus caprichos y arbitrariedades, víctimas finalmente de no pocos desmanes.

El viaje de la novela no es sólo geográfico sino también existen-

Prólogo

cial, el itinerario de dos mocetones condenados desde el principio al fracaso. El diccionario de la Real Academia define *golpe de gracia* como «revés que completa la desgracia o la ruina de alguien o de algo». En la mejor tradición de la literatura de boxeadores (es decir, de perdedores), Uzcudun y Gaztañaga se pasan la vida dando puñetazos en el ring, ignorantes del momento en que les llegará el golpe que complete su desgracia y su ruina. Cada uno, por supuesto, fracasará a su manera, y entretanto sus historias particulares irán siendo invadidas por la Historia con mayúscula, la convulsa historia de España de los años treinta, con episodios como el engaño del estraperlo, la alarmante consolidación de la Falange, el estallido de la Guerra Civil con su secuela de sangre y barbarie...

En ese largo viaje existencial, las vidas de Uzcudun y Gaztañaga se cruzan una y otra vez sin llegar nunca a anudarse. Amigos durante un tiempo, irreconciliables rivales después, están destinados a enfrentarse en un combate definitivo. Pero ese mismo destino que se obstina en emplazarlos se obstina también en aplazarlos. El esperado combate de más que previsibles efectos catárticos queda siempre para más adelante: podría decirse, en el argot de los guionistas, que la narración progresa por una «tensión pugilística no resuelta». La estructura de *Golpes de gracia* tiene algo de la de *Los duelistas*, sólo que al revés. Si en el clásico de Joseph Conrad dos militares se enfrentan una y otra vez para reparar un leve y lejano asunto de honor, en la novela de Iturralde los dos boxeadores acumulan en cada uno de sus encuentros nuevos motivos para una pelea que ineludiblemente acabará quedando para mejor ocasión. Los dos antagonistas, entretanto, se vigilan a distancia, se admiran, se envidian, se detestan... Cada uno de ellos, en definitiva, se erige en indispensable referencia vital para el otro porque ninguno de los dos sería el que es si no fuera por su enemigo íntimo.

Libre de adjetivos innecesarios y ajeno a todo alarde retórico, el estilo de Iturralde es seco y directo como un *punch* de izquierda. El libro, aunque concebido como una novela, tiene también mucho

7

de crónica histórica o periodística. Algunos de los personajes secundarios (como los miembros del grupo GU) aparecen ocultos detrás de nombres supuestos, pero por sus páginas transitan numerosos personajes reales con sus nombres auténticos, desde Ernest Hemingway hasta Lupe Vélez pasando por otras celebridades de la época, como Dolores del Río, Tina de Jarque, Clara Bow o Gary Cooper. Y, desde luego, tanto Paulino Uzcudun como Isidoro Gaztañaga fueron reales. A los profanos nos resulta menos familiar el nombre del segundo que el del primero, que siguió siendo legendario hasta su muerte en 1985. Una parte de su leyenda no podría calificarse de seductora: me refiero a su ardorosa adhesión a la Falange durante la Guerra Civil. Uzcudun participó en los preparativos para el rescate de José Antonio Primo de Rivera de la cárcel de Alicante y también, según algunos testimonios, en atroces represalias contra presos republicanos.

Conservo en la memoria la imagen del boxeador que en 1966 apareció en la película *Juguetes rotos* de Manuel Summers: un Uzcudun viejo, amargado, con aspecto de odiar el mundo entero para no tener que odiarse a sí mismo. Para hacer justicia al personaje conviene conocer también al joven que en algún momento fue, un muchacho de instintos primarios pero noble y sencillo, fiel a los suyos, entusiasmado por la perspectiva de abrirse camino en el mundo del boxeo. En el trayecto entre ese joven y ese viejo hay momentos en que, curiosamente, la narración de Iturralde se cruza con *Nevadako egunak* (*Días de Nevada*, 2014), el libro donde Bernardo Atxaga, mientras recrea una larga estancia en la ciudad norteamericana de Reno, aprovecha para seguir una fugaz pista del púgil vasco. Del mismo modo que Iturralde nos recuerda otros combates americanos de Uzcudun, evoca Atxaga su paso por Reno, donde en 1931 peleó con Max Baer. Iturralde y Atxaga, guipuzcoanos ambos como los propios protagonistas de *Golpes de gracia*, son amigos desde los tiempos de la Banda Pott. Quién les iba a decir a ellos que, treinta y tantos años después de que los reunieran las páginas de la revista *Pott*, iban a volver a hacerlo las páginas de sus dos novelas. Entre ellas, a través de la peculiar figura de Paulino Uzcudun se establece un fecundo diálogo sobre las grandezas y miserias del ser humano.

IGNACIO MARTÍNEZ DE PISÓN

1
Mireille

Mireille estaba sentada sobre las rodillas de uno de los muchachos. Siguiendo el compás de la melodía balanceaba su cuerpo a un lado y a otro de forma que el chico tuviera que abrazarla con fuerza por la cintura. Con una mano levantaba la copa de champán y con el otro brazo rodeaba el cuello del joven. En una esquina del bar había un pequeño estrado donde un hombre mayor de larga barba blanca arrancaba notas a un desvencijado acordeón. A su lado, un mozalbete encorvado y flaco como un alambre rasgueaba la guitarra y, debido quizás al alcohol ingerido, apretaba los ojos con sentimiento. La melodía se perdía a ratos entre el vocerío de la gente que abarrotaba el bar, y el ruido de las sillas al moverse y el entrechocar de los vasos hacían que la voz del viejo acordeonista se difuminara entre el humo del tabaco que ascendía hasta el techo.

La Joie de Brest, en pleno centro del mercado, rebosaba de gente a esas horas del amanecer. Era bar, pero también restaurante y *bal-musette*, uno de los más frecuentados de Les Halles. El trasiego en la entrada era incesante. Trabajadores del mercado que se tomaban un receso para premiarse con una copa de calvados tropezaban con juerguistas y alborotadores que, procedentes de alguna *boîte de nuit*, se resistían a dar por finalizada la fiesta. Una larga barra servía de apoyo para los solitarios que buscaban la última copa. A un lado de la sala, sobre una tarima, estaban las mesas en las que unos desayunaban y otros sobrecenaban. Más a la izquierda estaba la zona de los bebedores y de los que se atrevían a bailar en la pequeña pista junto a los músicos. Justo enfrente, al otro lado de la calle, se encontraba el no menos famoso Au Pied de Cochon, un bistró que también permanecía abierto toda la noche y con el que La Joie de Brest compartía clientela. Acodados a la barra, los bebedores de vino y cerveza miraban hacia los músicos mientras otros, sentados en grupo en torno a las mesas, daban buena cuenta de fuentes de mejillones y botellas de champán. Robustos transportistas, fulanas que descansaban o buscaban clientes, enérgicos carniceros con delantales salpicados de sangre, mujeres elegantes y señoritos de etiqueta recién llegados de alguna fiesta, pedigüeños que iban de mesa en mesa en busca de monedas para comprar alcohol.

Mireille apuró su copa de champán y con un movimiento brusco se desembarazó del muchacho sobre el que estaba sentada. Como impulsada por un resorte, dio un salto y se dirigió hacia la puerta.

—Por fin llegas. Pensábamos que hoy no ibas a venir.

Se colgó del cuello del recién llegado y le dio un sonoro beso. Luego le cogió de la mano y le arrastró con suavidad hacia las mesas de sus amigos.

—Hombre, Ladis, por fin apareces. Siéntate. He guardado para ti estas ostras. Y ahí tienes champán. Mireille, sírvele al doctor, que viene cansado.

El doctor Goiti atacó con entusiasmo la fuente de ostras. Su amigo Arcaute, sabiendo que era el manjar que más apreciaba, le había reservado media docena. Mireille llenó hasta el borde la copa de champán y se la acercó a los labios.

—Hoy me he retrasado bastante. He tenido que ayudar al doctor Bresson en un parto de última hora. Algo inesperado y bastante complicado. Me han llamado de urgencia al hospital Enfants Malades, y un colega y yo hemos tenido que ir corriendo en su ayuda.

—Bueno, ahora relájate, mi doctorcito, y toma otro trago.

Mireille estaba ya sentada sobre las rodillas de Goiti y le alborotaba el pelo con la mano al tiempo que lo apremiaba a beber champán.

Un borracho cayó pesadamente hacia atrás desde su taburete.

Una chica que pasaba a su lado lanzó un gritito que nadie más oyó. El vigilante de la puerta y uno de los mozos lo arrastraron fuera del local sin contemplaciones.

—Vamos a bailar un rato. Tenía tantas ganas de que llegaras —Mireille le chupeteaba la oreja al doctor Goiti mientras éste daba cuenta de la última ostra y se limpiaba los labios con una servilleta.

—No, hoy no, que vengo muy cansado.

—Sí, por favor, mi doctorcito. Me apetece mucho. ¡Venga, a bailar!

—Bueno, pero sólo esta java y ya está.

Con el amanecer, el sol asomó vigoroso entre los tejados de París. Aquel día de finales de junio iba a ser tan caluroso como los anteriores. Fuera ya del barrio de Les Halles, Mireille y el doctor Goiti caminaban por las callejuelas cogidos de la cintura.

—Hoy no estoy para nada. No sabes el sueño que tengo. Estoy muerto.

Sin hacerle caso, Mireille le dio una briosa palmada en el trasero y, sonriendo, le guiñó un ojo. Luego continuaron caminando en silencio. Al llegar a la calle Bachaumont, el doctor Goiti se soltó del brazo de Mireille y entró en el Hotel La Savoie.

—Espérame aquí fuera—dijo.

Nada más verle entrar en el pequeño hall, el vigilante nocturno se dirigió a él:

—¡Doctor, doctor, ahí dentro tiene a un muchacho español esperándole! Lleva sin moverse desde que llegó, ayer al atardecer. Y se ha pasado ahí toda la noche.

Sin contestar, el doctor Goiti pasó a la sala de recepción, donde un robusto joven dormía en una butaca con la cabeza colgando. Trató de despertarlo con un suave zarandeo. Al poco rato volvió a la calle. Mireille fumaba un cigarrillo apoyada en un árbol que había junto a la entrada del garaje.

—Tienes que irte. Tengo visita.

—¿Quién es? ¿Tu novia?

—Ya te dije que no tengo novia. Es un muchacho que ha llegado desde España, un conocido de mi pueblo. Hoy no puede ser. Ya nos veremos otro día.

Mireille, con gesto de enfado, lanzó el cigarrillo contra la puerta del garaje. Dio media vuelta sin decir nada y echó a andar a buen paso por el adoquinado de Bachaumont hasta que desapareció en el cruce con Montorgueil.

2
Simone

En el hall le estaba esperando la dueña del hotelito, madame Simone, que le dijo:

—Doctor, ¿ha visto al muchacho? El pobre lleva esperándolo toda la noche. Acaba de llegar a París. No conoce a nadie y no sabe una sola palabra de francés.

—Gracias, madame Recamier.

El doctor Goiti dio indicaciones para que le preparasen al recién llegado una de las habitaciones libres del último piso. A ser posible, una que estuviera próxima a la suya. Luego se dirigió al muchacho, que permanecía todavía adormilado en la butaca, y le dijo que cogiera la maleta y lo acompañara a su cuarto.

—¿O sea que tú eres Paulino? —le preguntó cuando llegaron a la habitación.

—Sí, señor. Me llamo Paulino Uzcudun, para servirle.

—Bueno, ¿y qué tal por allí? ¿Va todo bien?

—Sí, señor.

—Lo primero de todo, vamos a dormir. Yo necesito echar una cabezadita y supongo que tú también. Luego ya tendremos ocasión de hablar.

Llegó el mozo con la llave de la otra habitación, que estaba enfrente de la del doctor. Le entregó una toalla y abrió la puerta.

—Bueno, Paulino, ahora a dormir. Charlaremos a la hora de comer. Ya te avisaré.

Paulino dejó la maleta junto a la puerta, se descalzó y se echó en

la cama. En la incómoda butaca del hall no había conseguido dormir demasiado. Mientras llegaba el sueño trató de repasar todo lo que le había sucedido durante los últimos días. Enseguida reconstruyó el encuentro mantenido en Tolosa con los amigos del doctor Goiti. Fue en el club GU.
—¿O sea que te has decidido a lanzarte a la aventura? —le había preguntado uno de ellos.
—Sí.
—¿Y quieres irte a París?
—Sí.
—Bueno, pues has ido a parar al mejor sitio. Nosotros te pondremos en contacto con nuestro querido amigo el doctor Goiti, que es socio y sigue siendo vicepresidente de este club. Lleva tiempo en París trabajando como médico y te va a ayudar, ya lo verás. Irás a él de nuestra parte. Ya comprobarás que los miembros del GU estamos para ayudarnos unos a otros.

El club cultural-deportivo GU (que en vasco significa «nosotros») estaba ubicado en la calle Aroztegieta de la parte antigua de Tolosa. Sus socios, una veintena de amigos, eran miembros muy conocidos de buenas familias del pueblo. En el local, decorado al estilo de los clubes ingleses con maderas nobles en las paredes, sillones de cuero, pinturas de artistas renombrados y fotografías de montañas y capitales europeas, se citaban para reuniones de carácter gastronómico, pero también para festejos deportivos y veladas artísticas.

—Dejas el deporte rural, los troncos y todo eso, y quieres cambiar el hacha por los guantes, ¿no es así?
—Sí, señor. Creo que puedo tener éxito en el boxeo.
—Bien, pues vas a ir a París, que es como decir la capital del mundo, y allí nuestro amigo Ladis te va a ayudar, ya lo verás.
—Muchas gracias.
—Ahora te quedas a comer con nosotros. Sé que doña Cecilia nos ha preparado hoy un guiso de cordero, que estará para chupar-

se los dedos. Es su especialidad. A los postres, aquí el amigo Jeromo te escribirá en un papel todo lo que has de hacer al llegar a París. El hotel donde vive el doctor, su nombre, dirección, calle, número, todo... También te escribirá en el papel un par de frases en francés: lo que le tienes que decir al taxista para que te lleve directamente de la estación al hotel y luego lo que tienes que explicar en recepción hasta que te encuentres con el doctor. A partir de ahí, nuestro amigo te ayudará en todo. Tú no te preocupes de nada.

—Sólo de tumbar rápido al contrario en el combate, ¡ja, ja!

—Eso corre de mi cuenta.

A media tarde, Paulino y el doctor salieron a dar una vuelta por el barrio para estirar las piernas y hacer tiempo. Luego, sentados en una terraza, dejaron transcurrir aquellas horas de tarde de domingo ante unos vasos de cerveza. Hacia las siete volvieron al hotel para cenar. El doctor pidió a madame Recamier que sirviera raciones abundantes ya que era comida y cena a la vez. Paulino comía con más avidez que el doctor y repetía de cada plato. Hasta la hora de acostarse hablaron largo y tendido de proyectos e ilusiones: el futuro que el boxeo podría proporcionarle, los nuevos caminos que se le abrían. En un momento dado, el doctor le dijo:

—Si fracasas en los comienzos, siempre podrás volver a casa y retomar tu oficio con el hacha.

—No —lo cortó rápido Paulino—, eso no ocurrirá. Triunfaré como boxeador.

—Exacto. Eso es lo que quería oír. Ése es el espíritu de lucha que me gusta. Mira, hasta que te vayas abriendo camino en esta nueva profesión, tú no te preocupes de nada. Yo te iré ayudando. Te adelantaré el dinero que vayas a necesitar. Vivirás en este hotel. Yo me encargo de las facturas. Tú dedícate sólo a boxear bien.

—Muchas gracias, de verdad. No lo olvidaré nunca.

—Bueno, ahora a descansar. Mañana por la mañana, antes de que me vaya yo al hospital, te llevaré al mejor gimnasio de box de todo París. Monsieur Anastasie es un buen amigo mío. Es el dueño, un antiguo boxeador, el que mejor conoce los entresijos de ese mundo. Él te guiará como entrenador. Verá si vales o no para este deporte. Y, si es así, él mismo te buscará los primeros combates. Los gastos de todo, como ya te he dicho, los cubriré yo. Tú, a boxear.

El señor Anastasie era un hombre de escasa estatura pero complexión robusta con los brazos musculosos y el torso trabajado. Pelo corto, negro, mirada fija de ojos como agujas. Se movía con rapidez, con un nerviosismo eléctrico que le impedía quedarse un momento quieto.

—¿Qué, Anastasie? ¿Cómo va esa espalda?

—¡Ah! Buenos días, doctor Goiti. Va mejor. Cada vez me molesta menos.

—¿Haces los ejercicios que te indiqué?

—Sí, todos los días. Me alivian mucho.

—Bueno, aquí te traigo a este muchacho. Míralo y ya me dirás qué te parece. Acaba de llegar y quiere dedicarse al boxeo.

Monsieur Anastasie llamó a gritos a un chico que bajó de uno de los tres rings que había en la sala y se acercó. Le dijo algo y enseguida trajo un par de guantes. Se los dio a Paulino y le indicó por gestos que diera unos cuantos golpes en una de las bolas de punch que colgaban del techo. Paulino, todavía en ropa de calle, dejó la bolsa en el suelo y se ajustó los guantes. Sin decir nada se acercó al punch y empezó a descargar golpes con toda su fuerza. Monsieur Anastasie y el doctor Goiti observaban en silencio.

—Tiene mucha fuerza, no hay duda. En cuanto a técnica, habrá que empezar de cero. Hay que pulirlo. Déjelo de mi cuenta, doctor, yo me encargo de él.

El doctor Goiti agradeció sus palabras y se despidió de él. A continuación se acercó a Paulino.

—Dice el entrenador que sí vales para boxear, pero que debes entrenar mucho. Así que ya sabes: a esforzarte. Desde hoy mismo. Ve a cambiarte a los vestuarios, allí. Haz lo que te diga monsieur Anastasie. Luego nos veremos en el hotel.

Al salir del gimnasio saludó de lejos a Anastasie, que había subido a un ring para dar indicaciones a dos muchachos. Anastasie le devolvió el saludo. El doctor Goiti miró su reloj y apuró el paso. Iba a llegar con retraso al hospital.

3

Rosarito

Aquella mañana soleada y fresca, Rosarito salió a paso rápido de su caserío, Erkizia, y aceleró mientras descendía hacia la plaza del pueblo tratando de no tropezar con ninguna piedra. Era domingo por la mañana, había una única misa y no quería entrar en la iglesia cuando hubiera empezado. A don Aniceto se le estaba agriando el carácter con la edad. Era capaz de interrumpir la misa y, sin decir una palabra, buscar con la mirada a la persona que osaba llegar tarde. Su gesto provocaba un silencio tenso que duraba una eternidad y obligaba a los feligreses a volver la cabeza de forma que el recién llegado se sintiese avergonzado mientras buscaba con rapidez un hueco en un banco.

La gente de Régil solía reunirse en la plaza del pueblo a la salida de misa. Era una plaza pequeña, casi cuadrada, rodeada de caserones con la fachada blanca o azul y el tejado rojo. Desde unos bancos las mujeres mayores y las no tan mayores vigilaban a los niños que correteaban y saltaban. Había otro banco al fondo, al lado de la casa parroquial, y otro junto a los dos bares en que los hombres se metían a beber y charlar hasta la hora de comer.

Rosarito había llorado mucho los últimos días, sobre todo por las noches, recordando a Paulino. No se lo podía quitar de la cabeza ni un segundo. Se acordaba de él y lloraba sin consuelo. Pensaba que ya nunca más lo volvería a ver, que nunca regresaría de París, que se olvidaría de ella para siempre. París, París... Se oían tantas cosas de esa ciudad. Rosarito intentaba imaginarse cómo serían las mujeres de París, con toda su delicadeza y, por lo que contaban, con toda la sutileza y malicia para el engaño. «¡No seas tonta, mujer! Volverá pronto, ya lo verás», le dijo la madre de Paulino, doña Joaquina. Rosarito la acompañaba hasta la puerta del caserío familiar de los Uzcudun, Gurutzeaga, mientras ella, la señora Joaquina Eizmendi, trataba de tranquilizarla:

—Te repito que volverá. Y te aconsejo que dejes de llorar ahora mismo y te seques esas lágrimas antes de llegar a casa. No quiero que nadie piense nada. No quiero que te vean como a una plañidera y empiecen a pensar que ocurren cosas que no han ocurrido. Ahora me acompañas como si nada hasta la puerta, allí me das un beso, te despides de los que estén y te vas tranquila a tu casa. Aquí no ha pasado nada.

4
Cecilia

La portera del edificio, la señora Cecilia, les iba abriendo la puerta conforme llegaban. Les franqueaba la entrada y a continuación regresaba a la cocina del local, donde preparaba la comida. Era una reunión de la sociedad GU. La mayoría de sus miembros habían ido juntos al colegio. Acostumbraban a reunirse dos o tres veces por semana, siempre alrededor de una comida o una cena. Entre ellos había médicos, abogados, comerciantes, algún arquitecto...
El grupo charlaba mientras degustaba el aperitivo. La señora Cecilia les había servido aceitunas y una fuente de chorizo cocido. Sentados en sus butacas y antes de pasar a la mesa, todos menos dos, que preferían el oporto y el ron, bebían vino de Rioja.

—¿Os acordáis del muchacho aquel que enviamos a París a hablar con Ladis? Pues resulta que está triunfando como boxeador.

—Sí. Ha resultado ser lo que parecía. Una fuerza bruta de la naturaleza.

—Ladis lo ha apoyado desde el principio.

—Va a ser tan buen boxeador como aizkolari.

—Uzcudun combatió ya dos veces en París el mes pasado como profesional y venció en las dos ocasiones de manera aplastante.

—La semana que viene combate por tercera vez. Dicen que es un fenómeno, una auténtica bestia a la hora de tumbar al contrario.

—Mérito de Ladis, que lo ha apoyado desde el primer día. Creo que incluso lo ha llevado a vivir a su mismo hotel, lo está ayudando económicamente, le está presentando a gente. Ese muchacho va a necesitar un entrenador, un mánager... De momento, Ladis se encarga de todo. El chico está loco de contento, pues puede dedicarse a lo que de verdad le gusta, que es boxear. Sabe que puede ganar un buen dinero con facilidad sin tener que cortar troncos en las ferias de los pueblos o pasar meses perdido en los bosques como leñador. No sabe qué hacer para agradecérselo. Ladis no le da ninguna importancia a la ayuda que le está prestando, ya sabéis cómo es él para estas cosas.

Doña Cecilia interrumpió la charla:

—Venga, chicos, venid a la mesa, que la comida está preparada.

Empezaron a levantarse de sus butacas para pasar a la sala.

—¿Qué tenemos hoy? —preguntó Jeromo apurando su copa de ron.

—Puré de verduras y merluza en salsa verde.

La señora Cecilia colocó en mitad de la mesa una gran sopera humeante.

—No está mal. Estos últimos días ha mejorado usted mucho.

Uno del grupo guiñó un ojo mientras bromeaba con doña Cecilia, que regresaba de nuevo de la cocina trayendo el pan y el vino.

—El que proteste mucho se queda sin postre, y el de hoy está muy rico.

A la señora Cecilia le gustaba manejar la cocina del club GU como si fuese la de su casa y trataba a los socios como a sus propios hijos. No en balde llevaba trabajando allí casi diez años.

5
Joaquina

—Ahora ¿qué me dices, eh? ¿No te aseguré que volvería? ¿Te lo dije o no?

Rosarito, sonriendo avergonzada, bajaba la cabeza y no respondía. En la parte baja del caserío habían habilitado una gran mesa para la comida festiva. Paulino Uzcudun contaba sus andanzas en París a su tío, un señor mayor que comía en silencio con la boina puesta, y al hijo de éste, sentados a ambos lados. Enfrente de Paulino estaba Joaquina Eizmendi, su madre, que charlaba con Rosarito y le golpeaba con suavidad el brazo, lo que aumentaba su vergüenza. Temía que Paulino, al otro lado de la mesa, oyera su conversación.

—Pues ya ves, ya está aquí. Ha vuelto, tal y como te dije.

Paulino había regresado como un triunfador. Tras dos victorias incontestables había ganado también su tercer combate. Fue en la famosa Sala Wagram contra el púgil holandés Sjouwerman, al que había derrotado por KO técnico en el quinto de los diez asaltos. Había viajado de San Sebastián a Régil rodeado de amigos en una caravana de coches que hacían sonar sus cláxones sin descanso al pasar por los pueblos. La gente salía a la carretera a saludarlo al grito de «¡Paulino, Paulino!». El boxeador, sin cesar de sonreír, sacaba una de sus enormes manos por la ventanilla y la agitaba con fuerza.

En la plaza de Régil recibió el homenaje de los suyos, de los más allegados. Después del discurso de bienvenida del señor alcalde, los mozos fueron con el campeón a las tabernas, donde lo agasajaron hasta que se hizo la hora de comer. Luego Uzcudun, rodeado de los íntimos, se dirigió al caserío. Sus hermanas y su madre estaban ultimando los preparativos del banquete.

—Ahí la tienes, ¿qué te parece? Todos estos meses no ha hecho otra cosa que pensar en ti guardando la ausencia.

Después de la comida, Paulino y su hermano mayor habían salido a estirar las piernas.

—¿Rosarito?
—¿Quién si no?
—Rosarito es mi novia. Es la mujer que más quiero en este mundo y...
—Sí, sí, todo eso ya lo sé. Pero no me dirás que tú allí en París, con las mujeres tan hermosas que dicen que hay...
—Mira —lo interrumpió Paulino—, a mí Rosarito me parece la mujer más bella del mundo y mi fervor hacia ella es tal que me parece un sacrilegio poner los ojos, para bien o para mal, en cualquier otra.

—Bueno, eso está muy bien.
—Ya sabes que mi máximo deseo es casarme con ella algún día.
—Pero ahora tendrás que andar de la ceca a la meca, lejos de casa.
—Ya lo sé, pero te digo que me gustaría, como siempre hicieron nuestros antepasados, vivir en nuestra tierra y tener muchos hijos.
—Rosarito se quedará muy tranquila cuando lo oiga. Se pondrá feliz.
—No te creas que no lo sabe. Ya se lo he dicho. Mira, ven conmigo un momento.

Entraron en el caserío. A la izquierda, por unas escaleras de madera desvencijada, Paulino llevó a su hermano hasta el dormitorio. Hizo que cerrara la puerta y, con mucho misterio, levantó el colchón de hojas secas de maíz. Cogió una cajita de cartón, que estaba envuelta en una camisa, y la abrió.

—Son pendientes. Para Rosarito. No es gran cosa. Son baratos, pero le harán ilusión. Se los pienso regalar pasado mañana, que es su cumpleaños. Algún día le regalaré un gran collar de perlas, perlas grandes, de verdad. Esto es una baratija, pero cuando tenga mucho dinero llegarán las perlas de verdad. Por ahora, estos pendientes de pega. Ya se los he enseñado a nuestra madre.

—¿Y qué ha dicho?

—Que parecen de verdad.

6
María

—¿Estás seguro de lo que quieres? ¿Lo has pensado bien? —la mujer había interrumpido sus quehaceres y miraba al muchacho con firmeza.
—Sí, madre. Estoy seguro—el chico no dudó al responder.
—Bien, te apoyaré. Pero habrá que pensar en cómo decírselo a tu padre.
María Otegui hablaba con su hijo sentada en la cocina del caserío. Sobre la mesa iba desgranando alubias, que pasaban con rapidez a un gran barreño colocado en el suelo. Al caer, los granos rebotaban saltarines y producían un ruido de canicas metálicas. Isidro, un mocetón alto y fuerte, se había sentado junto a su madre y la ayudaba en la labor.
—Pasado mañana es mi cumpleaños. Tendré ya dieciocho.
—Lo sé. El caso es que tu padre quiere que estés cerca de él para que lo ayudes en el caserío. O si no, de leñador, como hasta ahora. Ya sabes que en los montes de aquí hay trabajo de sobra. Eres el mayor de los chicos. La mayor, Juanita, no cuenta para llevar el caserío. Te toca a ti.
Isidro Gaztañaga acababa de llegar al caserío familiar, Etxetxiki, en Ibarra, tras una caminata desde la estación de tren de Tolosa. Dos kilómetros cavilando sobre cuál sería el mejor modo de afrontar el asunto, cómo decírselo a los padres sin que les causara dolor. Venía radiante de felicidad. La víspera había ido a San Sebastián con un amigo de Tolosa para cumplir el viejo sueño de ver combatir a su

ídolo. En el ring de Atocha, Paulino Uzcudun había ganado un nuevo combate humillando otra vez a Paul Journée, a quien ya había derrotado en París el año anterior. Fue algo fantástico. KO en el primer asalto. El rival francés derribado en la lona en menos de dos minutos. La gente se volvió loca con su paisano. Hubo gritos y abrazos, una euforia desbordada como nunca se había visto. A la salida todos vitoreaban a Paulino.

Isidro y su amigo Fermín, sumergidos en la euforia colectiva, anduvieron de un lado a otro siguiendo como autómatas a la muchedumbre hasta que se dieron cuenta de que habían perdido el último tren de vuelta. No les importó mucho. Caminaron por las calles de San Sebastián, cada vez más solitarias, comentando una y otra vez los detalles e incidentes de aquel combate inolvidable. Isidro había leído que en la pelea del año anterior, en París, Uzcudun había vencido a Journée a los puntos tras pelear los diez asaltos. Ahora, aquí, delante de sus paisanos, se había tomado buena revancha.

Sentados en la playa de La Concha, Isidro y Fermín hacían tiempo hasta la hora del primer tren. Estaba amaneciendo y seguían hablando de su ídolo y del futuro.

—Yo, como tú, podría ser pelotari, pero prefiero ser boxeador como Paulino.

Fermín asentía moviendo la cabeza con rapidez mientras lanzaba puñados de arena previamente estrujados como si fuesen pelotas de frontón. Había oído contar eso mismo a Isidro infinidad de veces.

—Tú triunfarás como boxeador y yo lo haré como pelotari, ya lo verás.

—Seguro que sí. Los dos podríamos ser también buenos aizkolaris. Tenemos fuerza de sobra y conocemos el manejo del hacha. Pero, mira, desde que me dijeron que cualquier boxeador, por aguantar treinta minutos encima del ring, recibe dos mil pesetas, vi muy claro lo que quería. Sabes bien, Fermín, cuánto nos pagaron el año pasado cuando estuvimos cortando árboles en los montes de Berastegui y Leiza.

—Claro que me acuerdo. Mil quinientas pesetas a cada uno por ocho meses de trabajo.

—Exacto. Y trabajando como bestias, en jornadas de diez y doce horas sin apenas parar para comer. Calcula: mil quinientas pesetas en ocho meses, y un boxeador recibe dos mil por media hora. No hay color. Yo también seré boxeador.

—También Paulino empezó de aizkolari.

—Ya lo sé. Y ya me gustaría saber lo que le han pagado hoy después de estar un minuto y medio en un ring.

—Y si vas a ser boxeador, ¿qué piensas hacer con el nombre?

Se calló durante un momento y sonrió. Sabía muy bien por qué se lo preguntaba.

—También lo tengo decidido. Seré Isidoro Gaztañaga.

—¿Isidoro?

—Sí. Es muy parecido a mi nombre verdadero. A los de fuera les dará igual, ni se enterarán del cambio, y los de aquí dejarán de tocarme las narices.

Todas las escopetas de todos los cazadores de la zona, empezando por la de su padre y siguiendo por la suya, llevaban escrito en la empuñadura de madera el nombre del armero de Éibar, Isidro Gaztañaga, y todos le tomaban el pelo por ello. Su nombre y apellido coincidían con los del famoso armero y ya empezaba a estar harto de los chistes y burlas que le hacían a cuenta de eso.

—Como boxeador seré Isidoro Gaztañaga, lo tengo decidido. Así me tendrán que llamar todos. Con ese nombre seré conocido y famoso. Tanto como lo es Paulino. Los dos somos de aquí, su caserío está a sólo diez kilómetros del mío, los dos empezamos cortando troncos con el hacha en Tolosa y yo voy a ir a París como él.

—¿Lo saben ya en casa?

—No, todavía no. Iré por partes. Primero les diré que no quiero quedarme en el caserío, luego que quiero ser boxeador y por fin les haré saber que me voy a París para comenzar allí mi carrera profesional.

Isidoro Gaztañaga ya había hablado con los socios del club GU de Tolosa y, por su mediación, había conseguido contactar con el doctor Ladis Goiti. Le habían dado toda clase de facilidades, la promesa de que el doctor Goiti lo iba a ayudar como había hecho con Uzcudun y de que, una vez allí, podría entrenar en el mismo gimnasio.

—Ya verás, antes de un mes estaré entrenando en París —le dijo a su amigo el pelotari.

—Quiero verte triunfar como boxeador —le contestó su amigo Fermín.

7

Nicolasa

La cocinera del restaurante La Amistad, situado en la parte antigua de San Sebastián, junto al bulevar, se llamaba Nicolasa. Su propietario desde no hacía mucho tiempo era Julio, natural de Régil como la propia Nicolasa. Aunque en realidad eran primos, se trataban como hermanos. Cuando decidió comprar el bar a su anterior propietario para transformarlo en restaurante, Julio Ondarzábal habló con su prima para convencerla de que dejara la aldea y se fuera con él a la capital. Nicolasa trabajaba en uno de los bares de la plaza de Régil y, al escuchar la propuesta, no lo dudó. Quería salir del pueblo y la tentaba la idea de establecerse en la capital. Buena cocinera, sus platos empezaron pronto a ser conocidos y la parroquia de clientes que acudía a comer y a cenar en La Amistad aumentó con rapidez.

Julio Ondarzábal era amigo de Paulino Uzcudun desde niño. Habían coincidido en la escuela de Régil, habían hecho gamberradas juntos y se habían peleado más de una vez. Por aquel entonces, Julio, tres años mayor que Paulino, inspiraba en éste una mezcla de miedo y respeto. La amistad se consolidó después del servicio militar y se harían inseparables. Cuando comenzó a competir como aizkolari, Uzcudun propuso a Julio que le llevara sus asuntos. Julio se convirtió así en su mánager. Tras un desafío de hachas celebrado en la plaza de toros de Tolosa estamparon la firma que acreditaba la asociación profesional. Lo hicieron usando como mesa uno de los troncos que Paulino, todavía sudoroso y jadelante, acababa de cortar.

Cuando Uzcudun abandonó el hacha y pasó al mundo del ring, Julio siguió trabajando como mánager y hombre de confianza. Gestionaba sólo los combates que disputaba en España porque no hablaba ningún idioma aparte del vasco y el castellano. Uzcudun ya tenía en Francia al doctor Ladis Goiti, además de a su entrenador, monsieur Anastasie.

Tras un debut triunfal en París, y con el ánimo de conseguir un dinero fácil, Ondarzábal había decidido organizarle varias peleas en España: Madrid, Barcelona, Bilbao, San Sebastián... El púgil vasco venció con facilidad y la prensa rápidamente se hizo eco de sus triunfos. Empezaron a llamarlo «Paulino, el leñador vasco».

En una esquina de La Amistad, Uzcudun daba buena cuenta de una gran chuleta de buey con guarnición de patatas fritas y pimientos. Nicolasa había preparado para Julio una fuente de merluza en salsa verde. Tres amigos aficionados al boxeo comían junto a ellos unos huevos fritos con patatas y chorizo. Sobre la mesa había cuatro botellas de sidra, todas vacías menos una, que estaba ya terciada.

—Ahora descansarás unos días aquí y luego te irás a París. Allí te están esperando.

Julio Ondarzábal había sacado del bolsillo de su chaqueta una pequeña libreta forrada de cuero y leía unas anotaciones—. Después te va a tocar ir a Londres.

Uzcudun, callado, terminaba su chuleta. Agarrando el hueso con las dos manos apuraba los restos de carne que permanecían adheridos.

—En París, el doctor Goiti y Anastasie estarán más que contentos. Has vencido en Madrid, en Barcelona, en Bilbao y aquí en casa. Muy buena racha, ¡sí, señor! Cuatro de cuatro. Más no se puede pedir.

—Paulino, ¿qué quieres ahora? —Nicolasa se había acercado a retirar los platos.

—Queso, nueces y membrillo. Y más pan.

La pareja se alejó caminando de la plaza del pueblo. Pasadas las últimas casas el camino descendía con suavidad entre árboles y tierras de cultivo. Ya protegidos por la vegetación, ella se echó a llorar desconsoladamente.

—No llores más, Rosarito, no es para tanto.

Paulino se agachó con agilidad a recoger el pañuelo que ella había dejado caer al volver la cara para que él no la viera llorar,

—Te vas a Francia y no sabes cuándo volverás.

Aquella despedida le resultaba más triste que las anteriores. Paseaban por un camino entre manzanos. A lo lejos, en un pequeño altozano, se veía el caserío Erkizia.

—Volveré. Ya sabes que siempre vuelvo.

—Pero esta vez todo va a ser distinto.

—¿Sólo porque tardaré un poco más en regresar?

—Vas a viajar por todo el mundo.

—Tampoco por todo el mundo: Francia, Londres y Argelia.

—Argelia... Pero si eso está en África...

Volvió a llorar. Se secó las lágrimas con el pañuelo.

—Es sólo un combate, mujer. No te preocupes. Mira, te traeré un buen regalo. Un buen collar de perlas, grande. Con perlas de verdad. Pienso ganar mucho dinero con el boxeo, ya lo verás...

Rosarito no contestó. Se desasió de sus brazos y, aligerando el paso y sin volverse a mirar, caminó cuesta arriba hacia el caserío.

8
Hadley

Hadley Richardson se aburría en el Velódromo de Invierno. No le gustaba el boxeo. Las peleas le producían repugnancia: los golpes, la sangre, el ruido terrible del guante chocando contra el rostro... Le parecía todo indigno de un ser humano, algo que rebajaba a la persona a un estrato inferior hasta aproximarla al rango puramente animal. Para su marido, sin embargo, el noble arte del boxeo era todo lo contrario: una sublimación de la belleza, del esfuerzo y la rivalidad mítica de los dioses, algo que acercaba el hombre a la divinidad. Hadley era estadounidense, oriunda de San Luis, Misuri; su marido, nacido en Oak Park, Illinois, era un periodista y aspirante a escritor llamado Ernest Hemingway.

Hacía tiempo que Hadley no acompañaba a su esposo al gimnasio de monsieur Anastasie. Entre ellos existía una especie de acuerdo: Ernest iba solo al gimnasio y ella lo acompañaba al Velódromo de Invierno cuando había combate. Ernest se había ganado la amistad de Anastasie. Acudía con frecuencia a su gimnasio para preparar reportajes sobre jóvenes promesas del boxeo recién llegadas a la capital y, de paso, para cruzar guantes con algún amigo. La mayoría de las veces lo acompañaba Ezra Pound, un poeta americano algo mayor que él.

Los amigotes de su marido que se movían en el rudo ambiente del boxeo no convencían a Hadley. Su mundo era la música: el piano, los conciertos, la ópera. Para Ernest, todo eso eran mariconadas.

37

—Esos tíos vestidos con mallas brincando sobre un escenario y lanzando gorgoritos... No es serio. No es de hombres.

Debido a las dimensiones de su apartamento en Cardinal Lemoine, Hadley había tenido que renunciar a su deseo de alquilar un piano. Andaban tan escasos de dinero que también tuvo que renunciar a recibir lecciones de música.

Cuando se disputaba un gran combate en el Velódromo de Invierno, a Hemingway, que recibía dos invitaciones por su condición de periodista, le gustaba sentarse con su mujer en primera fila, muy cerca del ring. Aquel sábado, la expectación por ver de nuevo a Paulino, el Leñador Vasco, era enorme. Uzcudun se enfrentaba al gran campeón belga Jack Humbeeck.

—Éste es el doctor Goiti y éste Isidoro Gaztañaga, Izzy para los amigos, un futuro campeón —Hemingway presentó los recién llegados a su esposa.

«El bello Izzy», pensó Hadley al ver a aquel muchacho tan fuerte y apuesto, de abundante cabello bien peinado y facciones armoniosas, con una sonrisa seductora que desarmaba a quien lo contemplaba.

Isidoro Gaztañaga llevaba varios meses entrenando duramente en París. Apadrinado por el doctor Goiti, acudía a diario desde el Hotel La Savoie al gimnasio de monsieur Anastasie. Aquel sábado habían ido con el doctor a ver el combate de Paulino. Sin apartar la mirada del cuadrilátero, seguía con atención las evoluciones de Uzcudun ante su adversario. En ningún momento se fijó en la mujer americana que, unas filas más allá, lo miraba de vez en cuando con la esperanza de que el bello Izzy la correspondiera con una sonrisa.

El combate no duró mucho. Uzcudun derribó a Humbeeck antes de terminar el cuarto asalto. El belga cayó como un fardo y, al instante, el público que abarrotaba el velódromo se levantó de sus asientos para ovacionar al campeón. Otra victoria por KO del Leñador Vasco.

—Vamos al vestuario. Tengo que saludar al campeón —Hemingway, cuaderno en mano, se había levantado.
—Ve tú. Yo espero aquí —Hadley, cruzada los brazos, no se movió de su asiento.

En cuanto Hemingway desapareció por la boca de los vestuarios, Hadley buscó con la mirada a Izzy, que ya no estaba en su sitio.

Hemingway alcanzó al doctor Goiti y a Isidoro Gaztañaga en el largo pasillo que llevaba a las duchas y los vestuarios. Anastasie les dejó entrar y cerró la puerta con pestillo.

Sentado en una banqueta de madera, Uzcudun, sudoroso, se pasaba una enorme toalla por el cuerpo y sonreía. De vez en cuando daba unos tragos de agua.

El doctor Goiti hizo las presentaciones:
—Mira, Paulino. Éste viene también de nuestra tierra: Isidoro Gaztañaga.

Paulino e Isidoro se estrecharon la mano mirándose a los ojos. El doctor siguió hablando:
—Su caserío está en Ibarra, a diez kilómetros del tuyo. En medio estoy yo, que soy de Tolosa y os hago de puente. También es boxeador. Está empezando. Vive conmigo en el Hotel La Savoie. Duerme en la habitación que dejaste libre.
—Era aizkolari. También yo empecé con el hacha —explicó Gaztañaga.
—Eso está bien —contestó Uzcudun, que seguía frotándose con la toalla.

Junto a ellos, sentado en otra banqueta, Hemingway tomaba notas en silencio. El doctor Goiti, que lo había conocido tiempo atrás en los locales nocturnos de Les Halles, lo presentó también:
—Se llama Ernest Hemingway. Es americano. Le gusta el boxeo y también nuestra tierra. Ama el País Vasco y, sobre todo, los Sanfermines de Pamplona. Ha estado ya dos veces y el próximo año piensa ir de nuevo.

Se dieron la mano. Hemingway, al hacerlo, inclinó un poco la cabeza ante el boxeador.

El doctor prosiguió:

—Paulino, si sigues ganando así, como hoy, si continúas con esta racha, este periodista americano te puede hacer famoso en Estados Unidos —y dirigiéndose a Hemingway añadió—: ¿Dónde me dijiste que publicabas tus artículos?

—En Kansas City y en San Luis, Misuri. También en Canadá, en el Toronto Star.

Fuera, sin moverse de su asiento y bostezando, Hadley Richardson esperaba aburrida a que volviera su marido.

9
Mary

—Eres mi adorable Mary, mi muñequita francesa —le dijo otra vez. Ella no lo entendió muy bien, pero sonreía.

—Deja que desayune un poco, Paulino.

—La vas a espachurrar —Antonio levantó el tenedor del plato y señaló a la chica, que, sentada sobre las piernas de Uzcudun, le agarraba el cuello con una mano.

El desayuno de ella, unos huevos fritos con queso y jamón de York, estaba sin tocar. Uzcudun había terminado ya el suyo y sostenía una taza de café en la mano izquierda. Con la derecha rodeaba el talle de la chica. La amiga de Mary, Chantal, permanecía sentada en silencio al lado de Antonio. De vez en cuando daba pequeños sorbos a su taza de café.

Había amanecido ya sobre Orleans. El sol se colaba entre las ramas del emparrado en la terraza del Hotel Le Nouvel Orleans donde Paulino Uzcudun y su amigo Antonio Zuloaga desayunaban con las dos francesas. Habían salido de París la víspera por la tarde y, tras varias horas de carretera, se habían parado a hacer noche en aquel hotel de las afueras.

Todo había empezado unas semanas antes. Las ganancias de Paulino ascendían por entonces a varios cientos de miles de francos. Dejándose llevar por un capricho había decidido comprar su primer automóvil y regresar con él a España para pasar una temporada de descanso. El problema era que todavía no sabía conducir. Una noche fue con el doctor Goiti a un café de Les Halles donde se solían juntar los vascos que disfrutaban de las alegres noches parisinas. Algunos eran *bon vivants* que se mantenían con el dinero que recibían de casa y con los sablazos que iban dando aquí y allá. Entre los vividores destacaban dos tolosanos, Dionisio Arcaute y Jeromo Sansinenea, y Antonio Zuloaga, hijo del pintor eibarrés Ignacio Zuloaga. Paulino pidió a éste que le hiciese de chófer y Antonio accedió sin dudarlo.

Cuando faltaba una semana para el viaje, Antonio le dijo:

—Paulino, déjame el automóvil para que me vaya acostumbrando.

—Sí. A Antonio déjaselo, si quieres, pero a éste no —comentó Sansinenea señalando a Arcaute.

—¿Qué, pues? —quiso saber Uzcudun.

—Podría hacer cualquier barbaridad —intervino Ladis Goiti—. Cuéntale la apuesta que hiciste en Tolosa.

Arcaute, riendo, vació de un trago el vasito de absenta. Jeromo empezó a contar lo sucedido. Tras una cena en el club GU, toda ella bien regada con un buen rioja, Dionisio había apostado con Jeromo y el resto de los amigos a que era capaz de ir con su automóvil desde Tolosa hasta Madrid conduciendo todo el rato por la izquierda. Dionisio era un avezado piloto que incluso había participado en alguna carrera en el circuito de Lasarte. El suyo fue el segundo automóvil que hubo en Tolosa.

—Bueno, pues, el caso es que este jodido hizo la apuesta y ganó. Se fue de Tolosa a Madrid conduciendo por la izquierda. Aún le debo dinero. No he terminado de pagarle lo que le debo a cuenta de esa maldita apuesta.

A los dos días, Antonio Zuloaga se encontró con Uzcudun a la salida del entrenamiento y le dijo:

—El auto está listo para partir. Me encanta cómo se acciona y cómo responde. Y te voy a decir algo más: ese automóvil es bueno para pescar. Tengo una sorpresa. Hemos atrapado dos buenas truchas, dos chicas de Biarritz que se han apuntado al viaje. Son dos hermanas, Chantal y Mary. Vendrán con nosotros.

El primer día, después de cenar en el restaurante del Nouvel Orleans, hubo un momento de indecisión bastante embarazoso, sobre todo para Uzcudun, que no estaba acostumbrado a manejarse con soltura entre mujeres. Las dos hermanas, encerradas en el baño, tardaban en salir. En su habitación, Uzcudun, nervioso, estaba sentado al borde de la cama, mientras su amigo Antonio, en el sofá, fumaba un puro lanzando el humo hacia el techo. Apareció por fin Mary, que dijo mirando a Antonio:

—Chantal te está esperando en la otra habitación. Yo me quedaré aquí.

A la mañana siguiente, bajaron los cuatro a desayunar. Uzcudun, feliz y sonriente, apenas si soltaba del brazo a Mary. Más tarde, en un aparte en el baño de caballeros, le diría al otro:

—He tenido más suerte que tú, Antonio. Me ha tocado la más guapa.

Antonio sonrió y no contestó. Para él era justo al revés. Si bien Mary era la más joven de las dos y la que parecía tener más carácter, en su opinión, Chantal era más guapa. Antonio pensó que los dos habían tenido mucha suerte y que no era el momento de ponerse a discutir por la belleza de las chicas.

A media mañana dejaron atrás la ciudad de Orleans y continuaron hacia el sur. Tras su primera noche de sexo, Paulino Uzcudun decidió alargar el viaje un día más. Ya no tenía prisa en regresar a casa. También a Antonio le agradó la idea y, desplegando un gran mapa en una de las paradas que hicieron para repostar, pensó que Burdeos era una buena ciudad donde pasar la noche.

Al tercer día, cuando se aproximaban a Biarritz, las hermanas pidieron a Antonio que las dejara en la estación de tren. Mientras se despedían, Uzcudun no paraba de abrazar y besar a Mary, que miraba con nerviosismo a la gente. En un momento dado, él fue al coche en busca de su maleta, la abrió y sacó una caja envuelta en papel azul. Se la entregó a Mary.

—Ten. Esto es para ti. Un regalo —y la volvió a besar—. Conser-

varé esos días como uno de los recuerdos más agradables de mi vida. Los dos amigos continuaron el viaje. Pasado Irún, Uzcudun no callaba. Seguía hablando de Mary, de su belleza, de su ternura, de lo maravillosa que era. Antonio lo cortó en seco.
—Me has dejado en muy mal lugar, Paulino.
—¿Ah, sí? ¿Por qué?
—Dime una cosa. ¿Qué era ese regalo que le has dado a Mary?
—Un collar de perlas.
—¿Un collar de perlas?
—Sí.
—Estoy seguro de que no tenías pensado regalárselo a ella.
—Pues no.
—No tenías que habérselo regalado a Mary, sino a la persona a la que estaba destinado. Yo, además, he quedado muy mal delante de su hermana.
—Mira, Antonio. Ha sido la primera mujer que me ha enseñado a amar. Esa adorable muñequita francesa me ha mostrado cosas que yo ni siquiera imaginaba que pudieran existir. Su recuerdo estará siempre unido al de unas horas maravillosas.

Cruzaron San Sebastián y Antonio detuvo el automóvil delante de una casa en la zona de Benta Berri. Uzcudun había comprado esa casa y había llevado allí a vivir a su madre y su hermana María, mientras el caserío Gurutzeaga quedaba al cuidado del hermano mayor. Al sonido del claxon aparecieron las dos mujeres. Poco antes, Antonio había preguntado a Paulino:

—¿Ya no vas a Régil? ¿No tenías allí a la novia?
—Ya no hay novia de Régil —contestó Uzcudun bruscamente mirando el paisaje por la ventanilla.

10
Julia

Julia Inunciaga, de Bilbao, había ido a Tolosa a pasar las fiestas con sus amigas Luisa Lamiquiz y Begoña Loizate. Estaban invitadas por los miembros del club GU y no era la primera vez que se acercaban a la villa. Hacía varios años que mantenían amistad con el grupo formado por Ladis Goiti, Dionisio Arcaute y Jeromo Sansinenea.

Uno de los proyectos del club consistía en habilitar el primer piso, usado como almacén para que sirviera de alojamiento. La idea era adecentar las tres habitaciones y el baño de modo que, en caso de necesidad, pudiera dormir allí media docena de personas. Pero la cosa no había pasado de ahí. Las señoritas de Bilbao, como las llamaba Jeromo con cierto retintín, se alojaban en el chalé familiar de los Arcaute, situado a la entrada de Tolosa. Arcaute vivía en el chalé con su anciana madre, dos sirvientas y un cocinero. Julia, Luisa y Begoña habían intimado con la viuda de Arcaute y cada vez que iban se movían por la mansión con tal naturalidad que parecía que siempre habían vivido allí y que Dionisio era el hermano pequeño de las tres.

Como todos los años, en Tolosa reinaba un gran ambiente por las fiestas de San Juan. El ayuntamiento, en competencia con la capital de la provincia, se esforzaba para que cada año hubiera más atracciones. Las sociedades culturales y recreativas procuraban contribuir a ello. Ese año, la sociedad GU había organizado lo que prometía ser la culminación de los festejos: un gran combate de boxeo en la plaza de toros. La particularidad más notable era que uno de los púgiles iba a ser la emergente estrella local, Isidoro Gaztañaga, que unos meses antes había vencido por KO su primer combate profesional y venía de ganar otro en San Sebastián. Los especialistas le auguraban una carrera fulgurante y el ambiente en Tolosa era sensacional. Los amigos del club GU lo habían preparado todo. Aprovechando que Paulino Uzcudun estaba en San Sebastián, le habían convencido de que arbitrase el combate. Bastó una palabra del doctor Ladis Goiti para que Uzcudun aceptase sin dudar. Uzcudun, que se había proclamado campeón de Europa en Barcelona, acababa de ser homenajeado en Tolosa y cuarenta mil enfebrecidos admiradores lo habían recibido y aclamado con entusiasmo en San Sebastián.

La tarde del combate, Julia, Luisa y Begoña tenían palco de preferencia en la plaza de toros junto a los organizadores del club GU. El público rugió de entusiasmo cuando Paulino Uzcudun, vestido de árbitro, apareció en el ring. Y lo mismo ocurrió, quizá con aplausos más prolongados, cuando Uzcudun presentó a Isidoro Gaztañaga.

—¡Guau! ¡Vaya pedazo de hombre! —Julia Inunciaga no pudo disimular la impresión que le produjo la visión de aquel tipo alto y musculoso apenas cubierto con un calzón corto.

—Pareces tonta —replicó Begoña Loizate—. Es el ídolo local, el héroe de Tolosa.

—El guapo de Ibarra. Como un galán de cine —agregó Luisa Lamiquiz.

El doctor Ladis Goiti, sentado al lado de Julia, sonrió. Luego sacó un folleto del bolsillo y se lo pasó.

—¡Vaya, vaya! —Julia miraba con detenimiento la foto del sonriente Gaztañaga.

—¿Y no me lo podrías presentar? —lanzó enseguida la pregunta—. Me gustaría conocerlo.

—Ya se ha puesto en marcha —Luisa dio un codazo a Begoña.

—A ver qué se puede hacer —al doctor le hizo gracia aquel repentino interés de su amiga bilbaína por el muchacho de Ibarra.

El folleto anunciaba el gran combate internacional de boxeo que, a las cuatro menos cuarto de la tarde, enfrentaría en la plaza de toros de Tolosa a Isidoro, «la esperanza vascoespañola», y a Mattlerey Mathar, «el negro americano». Un combate a diez asaltos de tres minutos, en el quinto de los cuales venció Gaztañaga por KO técnico. Ante la evidente inferioridad del americano, Uzcudun tuvo que detener el combate para que no siguiera sufriendo. A la salida, todo el mundo elogiaba el fulminante *punch* de izquierda que poseía el nuevo fenómeno de Ibarra.

Tras el combate hubo cena en el club. Doña Cecilia se esmeró como nunca y cocinó un estofado con los rabos de los toros lidiados en la corrida de la víspera. Los amigos fueron entrando en el comedor. El doctor Ladis Goiti se presentó con las amigas de Bilbao. Los últimos en llegar fueron los boxeadores, Uzcudun y Gaztañaga, que se sentaron con Julio Ondarzábal en el extremo opuesto de la larga mesa. Desde lejos, Julia observaba continuamente a Isidoro intentando que sus miradas se cruzaran en algún momento. Gaztañaga, feliz, agradecía entre sonrisas las felicitaciones de quienes estaban a su lado, que comentaban con él los detalles del gran combate disputado. De vez en cuando se apartaba con la mano la indomable cabellera negra, que, cuando le caía hacia delante, le tapaba la frente y uno de los ojos.

—¡Mira, mira, qué pedazo de hombre! —susurraba Julia a su amiga Luisa señalándolo con la copa de champán.

—Come y calla, que se va a dar cuenta —le decía Luisa.

—¡Qué más me gustaría a mí!

Julia hizo una bolita con miga de pan y la lanzó hacia donde estaba Isidoro, pero con tan mala puntería que cayó en el vaso de sidra de Paulino. Éste hablaba con la persona que tenía al lado y no se dio cuenta de nada.

—Eres tonta de remate —murmuró Luisa.

Su amiga siguió comiendo como si nada.

Mientras duró la celebración, nadie se movió de la mesa. Tras

los cafés apareció Arthus, el entrenador de Uzcudun, para decir que tenía ya el automóvil aparcado fuera. Los boxeadores se levantaron. Gaztañaga dijo:
—Quiero llegar a Ibarra antes de que mi madre se haya ido a la cama. Seguro que si voy ahora todavía la pillo sin acostarse.
Demetrio dijo a las chicas que también su coche estaba aparcado delante del club. Julia se acercó corriendo a Isidoro, que ya estaba junto a la puerta, y, después de presentarse, lo felicitó. Aprovechó para darle un par de besos en la mejilla. Isidoro, que durante toda la cena no había reparado en su presencia, sonrió.
—A ver si nos vemos en otra ocasión —dijo Julia.
—Eso, eso —contestó él.

Al día siguiente, festividad de San Juan, había programada una fiesta nocturna en la plaza de toros organizada también por la sociedad GU a beneficio de las cantinas escolares de Tolosa. La expectación era inmensa porque el reciente campeón de Europa de boxeo, Paulino Uzcudun, iba a torear y matar uno de los becerros acompañado de su cuadrilla de amigos, que actuarían de banderilleros. Según el programa de mano, éstos no eran otros que el entrenador Arthus y su amigo el doctor tolosano don Ladis Goiti. De puntillero actuaría el mánager de Uzcudun, el conocido Julio Ondarzábal, su inseparable compañero de infancia.

Casi una hora antes del comienzo de la gala, la plaza estaba ya a rebosar. Reinaba el jolgorio cuando se apagaron las luces. Al encenderse de nuevo se vio a Uzcudun en mitad de la plaza con el capote en la mano. El público rugía de entusiasmo. Era el segundo becerro de la noche, que salió de toriles con la fuerza de un cohete. Uzcudun ensayó unos pases de capa que la gente celebró con risas y aplausos. Luego el púgil torero hizo por tres veces la suerte del salto y el público lo ovacionó con largueza. Llegó el turno de los banderilleros. El entrenador Arthus, que ignoraba la dificultad del lance, acabó arrojando los palos a la arena. Goiti y Ondarzábal, con más acierto, consiguieron clavar una de sus dos banderillas. Mientras se retiraban entre aplausos, los dos amigos intercambiaron una mirada expresiva. Uzcudun cogió la espada. Tras bregar como pudo con el astado durante unos cinco minutos, lo despachó con media estocada y un descabello. Al final hubo generosas ovaciones para todos y los cuatro salieron al centro del ruedo a saludar.

En el palco presidencial, Julia Inunciaga comentaba su desilusión con sus amigas.

—¿Y dónde está mi boxeador guapo? —repetía cada vez que salía un nuevo becerro.

—No ha venido, no creas que todos los boxeadores son también toreros —respondió Begoña.

—¿Y no va a salir Isidoro? —preguntaba a Dionisio Arcaute, que estaba sentado detrás de ella.

Éste, fumándose un gran habano, se encogía de hombros para indicar que no tenía ni idea.

El día siguiente era lunes. A media tarde, una caravana de tres coches subía con lentitud la última cuesta de la carretera que llevaba a Régil. Los estridentes cláxones de los automóviles no paraban de sonar. Los chavales del pueblo, al advertir la llegada de la comitiva, corrieron a recibirlos. En uno de los autos, un descapotable, Uzcudun iba sentado junto al chófer. Sonreía sin cesar y saludó con la mano al llegar a la plaza. En los asientos traseros, tres chicas, con pañuelos en la cabeza para proteger sus cabelleras del viento, también sonreían y saludaban.

—¡Es Paulino, es Paulino! —gritaba la chiquillería corriendo junto a los coches.

—¿Qué pasa, chavales? ¿Sabéis quién soy? —Uzcudun hablaba con los chiquillos desde el coche.

—¡Paulino, Paulino, Paulino! —los chavales rodearon al boxeador tan pronto como descendió del auto.

Rosarito estaba trabajando en la huerta de su caserío, Erkizia, cuando vio la caravana acercarse a la plaza del pueblo. Se dio cuenta de lo que era aquello y se escondió en el maizal. Desde allí vio cómo los autos se detenían junto a la iglesia y Paulino bajaba acompañado por aquellas señoritas de la capital. Oculta en el maizal, empezó a llorar. Gruesas lágrimas le bajaban por las mejillas. Volvió la cabeza y, sin parar de sollozar, se enjugó las lágrimas con el delantal.

11
Maritxu

—¿Y cuándo te volveré a ver? ¿El viernes que viene?
—No lo sé, Maritxu. Puede ser. No depende de mí, ya lo sabes. Los militares mandan.
—La semana pasada me prometiste que vendrías el viernes y luego no apareciste.
—No pude. Me tocó servicio.

Isidoro Gaztañaga se estaba calzando las botas militares sentado sobre unas cajas de cartón. Ya de pie, se puso la chaqueta y se ajustó el cinturón.

—Ven aquí. Dame un beso de despedida. El cuartel me reclama.

Maritxu se acercó sin decir nada y se dejó apretar por sus robustos brazos. Él la besó en los labios y salió por la puerta trasera del almacén de vinos.

—¿Qué? ¿Vienes de cumplir con la novia? —preguntó a Gaztañaga un soldado que hacía guardia en la puerta principal del cuartel.

—¡Bah! —Isidoro hizo un gesto rápido con la mano como para quitarle importancia.

El soldado de guardia era de la misma compañía que Gaztañaga y sabía que éste andaba enredando con una de las hijas del Bar Americano.

El Americano, primer lugar de reunión de todos los soldados del cuartel de Loyola que salían de pase, estaba situado al otro lado del puente sobre el río Urumea. A Gaztañaga, una vez cumplidos los veintiún años, le había correspondido hacer la mili en ese cuartel. Tuvo la fortuna de caer enseguida bajo la protección del capitán Angarillas. Éste, un fanático del boxeo que incluso lo practicaba como aficionado, lo puso a sus órdenes y, con la excusa de que tenía que disponer de tiempo libre para entrenar, lo libró de muchas guardias y servicios. El capitán protegía también a otro chico que empezaba a despuntar como boxeador, un muchacho de Motrico llamado Osa. Un día, al poco de su llegada al cuartel, el capital Angarillas llevó a Gaztañaga al gimnasio y se lo presentó. Para mejorar su *punch*, Mateo Osa hacía guantes contra un saco de cuero que colgaba del techo.

—Podrás entrenar con él.

Enseguida se hicieron amigos. Aunque no estaban destinados a la misma compañía, podían verse todos los días en el gimnasio. Gracias al permiso del capitán, los dos estaban rebajados de servicios mecánicos como cocina y limpieza así como de la instrucción teórica y la mitad de las guardias. El viernes o el sábado por la tarde, si Osa tenía guardia, Gaztañaga, libre de servicio, visitaba a Maritxu. Dentro del bar la buscaba con la mirada y ella, en cuanto lo veía, se iba al almacén, que estaba en la parte trasera. Maritxu le abría la puerta. Si había mucho movimiento en el bar, él se tumbaba sobre las cajas de cartón y esperaba hasta que ella se pudiera escabullir. Maritxu cerraba las dos puertas con llave y los dos se tumbaban sobre los cartones, no sin antes haber extendido por encima un par de sábanas limpias y una manta que siempre tenía dispuestas y escondidas dentro de un armario. Una vez organizado el escenario tenían una media hora para estar juntos y disfrutar de la intimidad.

—¿Y no te echan de menos en el bar? —preguntó Isidoro.

—No, porque yo me encargo de las bebidas del almacén. Las otras chicas se encargan de la cocina y de servir las mesas además de atender en la barra. Yo me ocupo del almacén.

—Del almacén y de lo que hay dentro, que soy yo, ¡je, je! Ven para acá.

Isidoro atrajo a Maritxu, que se dejó llevar hasta quedar tendida entre sus brazos.

Los viernes o sábados en que Mateo Osa estaba libre, Gaztañaga no hacía la escapada ritual a la trasera del Bar Americano. Esos días no visitaba a Maritxu. Prefería irse con Mateo y otros soldados a la parte vieja de San Sebastián, donde el bullicio, la diversión y los tragos estaban garantizados. Alguna vez, incluso, se les juntaba el capitán Angarillas y cenaban en alguna sidrería de Martutene, Igueldo o Ulía. Esos fines de semana en la parte vieja de la ciudad solían estar acompañados de borracheras y, en alguna ocasión, de broncas y peleas. Cuando ninguno de los dos tenía que estar el domingo en el cuartel, Mateo e Isidoro dormían en una pensión.

Un sábado por la tarde, tanto Osa como Gaztañaga debían estar en el cuartel para el toque de retreta ya que por la noche tenían guardia. Antes de entrar, se detuvieron junto a otros soldados a tomar una merienda-cena en el Americano. Pidieron el completo, o sea, dos huevos fritos con patatas, jamón y chorizo, y una botella de sidra por cabeza. Al terminar, Isidoro hizo un guiño a Mateo, que estaba en el ajo:

—Vuelvo dentro de media hora.

Y, sin más, salió del bar. Mateo observó que en ese preciso momento Maritxu abandonaba la barra y desaparecía por una puerta lateral. Se quedó en la mesa con los otros dos mozos, uno de Lizarza y el otro de Bergara.

—Voy a pedir otro completo —dijo el de Lizarza.

—Pues yo otro —añadió sin dudar el de Bergara.

Mateo Osa miró al reloj de la pared.

—Que sean tres completos. Y otras tres botellas de sidra.

12
Clara

Estaban sentados en el reservado de La Amistad. A Uzcudun lo acompañaba su amigo Julio Ondarzábal, dueño del establecimiento. Sobre la mesa, una fuente de anchoas fritas casi terminada y una botella de sidra vacía. Ondarzábal pidió por señas otra botella a una de las chicas.

—Pues he cambiado de representante, y ya está. He dejado por fin a Descamps y he cogido a Tex Rickard —Uzcudun quería explicarle a Julio su decisión.

—¿Pero qué van a decir los otros?

—Que digan lo que quieran. ¡Me importa una mierda!

—¿Estás seguro?

—Sí, ya está decidido y hecho.

Lo primero que le había aconsejado el nuevo mánager era que diese por fin el salto a América. América, le decía, era la meca del boxeo, el país donde el dinero corría a raudales, el lugar donde se forjaban los campeones del mundo.

—Todo boxeador que se precie debe ir a América.

Aunque estaba de acuerdo con lo que decía Rickard, Uzcudun tardaba en decidirse. Pensaba sobre todo en su casa, en su madre y su hermana pequeña. No calibraba muy bien lo que supondría el viaje.

—¿Y si no vuelvo?

—No digas tonterías. Hay boxeadores que van y vienen dos y hasta tres veces al año. Yo mismo lo hago.

Al cabo de un mes, Tex Rickard ya lo había convencido. Uzcudun firmó unos papeles y se puso en manos de su nuevo representante.

El Hospital Altamont se alzaba sobre una pequeña colina en las afueras de Tampa, Florida, a unos tres kilómetros del centro. Cuando el mánager y el entrenador de Uzcudun descendieron del flamante Packard de brillante color azul metálico, una inesperada brisa fresca que se elevaba desde la bahía golpeó sus rostros. Al entrar en la clínica preguntaron por Paulino. La recepcionista, tras consultar unas hojas que sacó de una carpeta, les señaló un largo pasillo que conducía a la sección de cirugía odontológica. Golpearon con suavidad la puerta de la habitación 114 y entraron. Paulino Uzcudun, tumbado en la cama, los saludó alzando el brazo que tenía libre de tubos.

—¿Cómo te encuentras, campeón?
—Mmmm, mmmm...

Una venda le rodeaba toda la cabeza sujetándole la mandíbula. Al tener la boca inmovilizada, sólo podía emitir un sonido entre gutural y nasal. Uzcudun levantó su manaza derecha hasta la altura de los labios.

—Vas a tener una magnífica sonrisa, algo deslumbrante, ya verás. ¡Una sonrisa áurea! —Rickard reía.

—Te han puesto seis dientes de oro —precisó Arthus.

La víspera, el Benjamin Field Arena de Tampa había colgado el cartel de «no hay billetes» para la pelea de Uzcudun, el Leñador Vasco, contra Homer Smith, campeón de Michigan. El combate resultó muy bronco y deslucido. La pugna se había fijado a diez asaltos, pero ya en el cuarto Homer Smith le pegó tal cabezazo a Uzcudun que le arrancó varios dientes. Empezó a sangrar en abundancia y hubo que retirar las piezas dentales esparcidas por la lona. Pero Paulino no quiso abandonar. Una vez contenida la hemorragia, el combate continuó. Uzcudun se lanzó a golpear a su adversario con una furia loca y el *match* duró tres asaltos más. Cuando comenzaba el octavo, el árbitro dio a Paulino la victoria por KO técnico.

La noticia de la nueva dentadura de Paulino cruzó con celeridad el Atlántico. Una semana después, dos socios del club GU de Tolosa, el doctor Ladis Goiti y Jeromo Sansinenea, regresaban de San Sebastián tras presenciar la victoria de Isidoro Gaztañaga sobre el francés Maurice Forgeon en el Teatro Trueba.

—¿Ya sabes lo de Paulino? —preguntó el doctor Goiti a Gaztañaga.

Sansinenea conducía el automóvil.

—¿Qué le ha pasado?

—Ha sido en un combate en América. El contrario le ha arrancado no sé cuántos dientes de un cabezazo.

—Y le han incrustado en su mandíbula un montón de dientes de oro —precisó Sansinenea.

Gaztañaga, tras permanecer unos instantes en silencio, dijo:

—Bueno, son gajes de este oficio nuestro.

—Ahora llamará mucho la atención. Ya sabes que Paulino siempre sonríe.

Una multitud se agolpaba a la entrada de la redacción del periódico. Soportando los empujones, dos guardias trataban de impedir que la gente entrara.

—¿Pero qué escribiste?

—Yo... nada. Contra él, nada. Alabé su forma de pelear y festejé su victoria. Sólo escribí algo sobre su sonrisa dorada y comparé su dentadura con algo, quizá con una fuente de la que mana un líquido dorado y...

El redactor estaba sentado en el despacho del director rodeado de compañeros. Se había quitado el sombrero y con un pañuelo se enjugaba el sudor que le corría por la frente. Con la corbata aflojada, trataba de coger aire e intentaba respirar acompasadamente.

La víspera se había disputado la pelea de Paulino Uzcudun contra el estadounidense Martin O´Grady en el Parque Almendares de La Habana, en el centro de la ciudad. Un combate que no había dado siquiera tiempo a que los aficionados disfrutasen. Uzcudun había tumbado al americano en el primero de los doce asaltos. En menos de dos minutos, antes de que la gente se hubiera acomodado en sus asientos, sin que algunos se dieran cuenta, el estadounidense había besado la lona tras un golpe fortísimo del vasco. Fin del combate. Había gente que no estaba contenta. Algunos se pusieron a silbar y a chillar. ¡Tongo, tongo! A Uzcudun aquello no le gustó nada. Él había cumplido como se esperaba de un gran campeón. La guinda, lo que terminó de sacar al púgil vasco de sus casillas, fueron los comentarios de algunos amigos que, mientras desayunaban en el Hotel Sevilla, le leyeron la crónica de un periodista local hablando de su sonrisa y de sus dientes de oro engarzados como presos en su mandíbula superior.

Uzcudun salió como un rayo del comedor del hotel, que estaba en la calle Trocadero, y fue derecho a la redacción del periódico, en pleno Paseo del Prado, bajando hacia el Malecón. Apartó de un empujón al guarda del edificio y entró en la redacción llamando a gritos al malnacido que había escrito aquello. Cuando por fin lo encontró, el redactor, que estaba en su mesa de trabajo, no tuvo tiempo de reaccionar. Uzcudun lo levantó de la silla con sus dos manazas y, mientras lo zarandeaba como a un pelele, no paró de gritarle. Los otros redactores trataron de calmar a Uzcudun. El director, que para entonces ya había avisado a la policía, se esforzaba por suavizar la situación.

—Trate de entenderlo, señor Uzcudun. Sólo ha sido un malentendido. Aquí lo apreciamos mucho todos. Y él también.

Incapaz de articular palabra, el redactor zarandeado subía y bajaba la cabeza, asintiendo a todo lo que el director decía. Cuando llegó la policía, varios agentes rodearon al boxeador y se lo llevaron detenido. Un pequeño grupo de gente, que se había arremolinado a las puertas del periódico, siguió a la comitiva hasta las dependencias policiales, que no estaban lejos de allí, en una calle paralela a Trocadero.

El representante Tex Rickard había llevado a Uzcudun de gira por Estados Unidos. El circuito resultó muy fructífero en términos económicos, y en lo deportivo ni él ni su mánager podían quejarse: media docena de combates ganados, dos perdidos y uno empatado a puntos. Llegado el momento de tomarse un descanso, Uzcudun quedó fascinado por el glamur de California. Se instaló en Los Ángeles, donde primero la colonia de vascos y luego la de hispanos lo acogieron de una forma inesperadamente calurosa. Todo eran fiestas y agasajos. En aquel ambiente casi se olvidó de lo que era: un profesional del boxeo.

Su presencia era constantemente requerida en banquetes y celebraciones. Los domingos acudía a los asados que los millonarios del mundo del cine organizaban en sus fincas del Valle de San Fernando. Junto a la piscina, Uzcudun se quedaba asombrado con el desparpajo de las alegres chicas que con sus escuetos bañadores mariposeaban entre la gente antes de darse un chapuzón o tumbarse a su lado para tostarse al sol.

Cuando quería entrenarse, Uzcudun se encerraba en el rancho de un millonario vasco llamado Gastón Bastanchury que tenía siempre las puertas abiertas para sus paisanos. Como el rancho estaba a unos cincuenta kilómetros de Los Ángeles, el boxeador iba y venía según le apeteciera fiesta o entrenamiento. Conoció a Bastanchury por medio de un cura de Azcoitia que, expulsado de su misión en México a causa de las nuevas leyes religiosas, había buscado refugio a su lado. En esas glamurosas fiestas del mundo del cine, Uzcudun llegó a trabar estrecha amistad con dos actrices mexicanas que aquellos días triunfaban en Hollywood: Dolores del Río y Lupe Vélez.

Uzcudun se dejaba querer. Las mansiones de aquellas actrices y ciertos hoteles de Los Ángeles eran testigos de los movimientos del boxeador en alcobas y dormitorios. Lupe Vélez era ardiente y apasionada, pero también voluble y cambiante como las llamas de la chimenea ante la cual, desnuda sobre la alfombra, esperaba la acometida final del macho poderoso. Era entonces cuando, exagerando con sensualidad su acento mexicano, susurraba a Paulino:

—¡Eh, toro! ¡Embiste!

Era bellísima, con el pelo negro como el plumaje del cuervo y penetrantes ojos de halcón. Cuando estaba a solas con Lupe Vélez, Uzcudun olvidaba el mundo. Se zambullía en una pasión hasta entonces desconocida, un universo de sexo y ternura donde la mexicana era sacerdotisa y diosa suprema.

Entre las actrices americanas con las que el púgil intimó destacaba la pizpireta y revoltosa Clara Bow, que a los atractivos sexuales de la mexicana añadía además una peculiar locura de vivir y, sobre todo, de beber. En aquellos cócteles y fiestas casi diarios, Clara Bow perdía el control por completo y arrastraba en su vorágine a quienes la rodeaban. Bebía hasta unos límites que dejaban asombrado a Uzcudun, que muchas veces debía acompañarla a vomitar con la mayor discreción posible. Luego, en la intimidad de la habitación del hotel, Clara recompensaba en rápidas y apasionadas sesiones de sexo los detalles que el boxeador había tenido con ella. Más de una vez, Uzcudun había tenido que acompañarla, todavía con la borrachera de la noche anterior, hasta la entrada de los estudios donde rodaba una película con Gary Cooper. El boxeador no leía los periódicos en inglés. Si había alguna noticia de boxeo, era su mánager, Tex Rickard, quien se la resumía. Por eso no sabía nada de los rumores que, un día sí y otro también, recogía la prensa acerca de los amoríos de Clara Bow con Gary Cooper. La prensa amarilla difundía los cotilleos sobre el apasionado romance que, dentro y fuera de la película, mantenían la actriz y el galán.

Aquella mañana, Uzcudun regresó a su hotel tras haber dejado a Clara a la entrada del plató. Las semanas anteriores, al simultanear los favores de Lupe Vélez y Clara Bow, tenía que hacer verdaderos malabarismos para que las citas no se cruzasen. Por la tarde había quedado con Lupe en un cóctel de una productora hispanomexicana. Tex Rickard, que conocía la agenda de su pupilo, cerró el periódico en cuanto lo vio entrar en el comedor. Era la hora del desayuno y Uzcudun pidió al camarero que le trajesen lo mismo que estaba tomando su mánager.

—Desayunaré lo mismo que este señor.
—¿Qué tal te fue? ¿Mucho desgaste anoche?

Una amplia sonrisa de oro apareció en la boca de Uzcudun, que no contestó.

Rickard había escondido el periódico debajo de su americana. Ese día la prensa amarilla venía con grandes titulares. La actriz Lupe Vélez había sido detenida la víspera por practicar sexo oral con el actor Gary Cooper en su coche. Unos policías se habían acercado hasta el aparcamiento y habían pillado a la actriz mexicana en pleno trajín con los genitales del rudo actor de Montana. No había, claro está, fotos del momento en cuestión, pero sí de los rostros de los dos actores implicados y de dos personas más. El diario mostraba también los rostros de Clara Bow y Veronica Balfe. El texto indicaba que Gary Cooper, casado con Verónica Balfe, tenía un idilio con su compañera de rodaje Clara Bow. Ahora lo habían pillado in fraganti con Lupe Vélez. El periodista comentaba con ironía que el galán no perdía ni un segundo de su precioso tiempo. Tex Rickard sabía que su representado disfrutaba de los favores sexuales de Lupe Vélez y Clara Bow, pero estaba seguro de que no conocía los otros manejos de sus dos amantes.

Mientras lo veía despachar con fruición los huevos con tocino, le preguntó a bocajarro:

—¿No tendrías que retirarte ya a las montañas a entrenar? Mira que la fecha del combate se está acercando peligrosamente.

Uzcudun siguió comiendo pensativo.

—Esos líos de faldas te quitan concentración aparte de energía. Energía que deberías gastar en el ring y no en la cama.

Uzcudun callaba.
—¿Con quién has quedado esta tarde?
—Con Lupe.
—Pues hoy Lupe no irá a la cita.
—¿Qué pues? ¿Cómo lo sabes?

Aquel anochecer fresco y desapacible de finales de febrero había muchísima expectación por ver el combate de Paulino Uzcudun. Horas antes del comienzo, el Wrigley Field de Los Ángeles estaba ya abarrotado de personas impacientes por ver al Leñador Vasco, del que tantas cosas buenas se decían. Los amigos y conocidos vascos o mexicanos calentaban el ambiente antes de que aparecieran los boxeadores. El rival de Uzcudun, George Godfrey, despertaba mucha curiosidad. Seis años más joven que Paulino, era un peso pesado fuerte y de gran envergadura nacido en Mobile, Alabama. La «esperanza negra del profundo Sur», como lo llamaba la prensa especializada, llevaba ya veintidós combates seguidos sin perder. Así pues, la excitación del público era máxima e insuperable el ambiente dentro y fuera del recinto entre los que habían podido conseguir entrada y los muchos que no.

Uzcudun perdió el combate. Su mánager había comprendido hacía tiempo que a su pupilo le convenía cambiar de aires, dejar aquel mundo de fiesta y mujeres, alejarse de California. Tex Rickard, que llevaba la agenda de Uzcudun, sabía que se había metido en una espiral de sexo y diversión que convenía cortar de raíz. No sólo eran los amoríos con Lupe Vélez y Clara Bow, sino también las calenturas con otras muchachas fáciles de conseguir y más fáciles de olvidar que revoloteaban sin cesar a su alrededor. Había además otras damas famosas no tan accesibles que sumían a Uzcudun en un atolondramiento del que difícilmente podría escapar. Entre ellas estaba la actriz Dolores del Río. Uzcudun pensaba que la orgullosa mexicana acabaría cayendo en sus redes con un par de citas más.

Un día, el mánager Tex Rickard decidió cortar por lo sano.

—Paulino, desde tu derrota con Godfrey la prensa ya no habla de ti como antes. Has bajado mucho. Tendrías que regresar a casa.

Paulino permaneció en silencio. Al oír lo que le comentaba su representante, la imagen de Dolores del Río desapareció con rapidez de su mente. También se le hizo nebulosa la idea de acostarse con Clara Bow, con la que se había citado para dos días más tarde. El mánager continuó con su ataque:

—¿No tendrías que ir ya a visitar a tu madre? ¿Cuánto hace que no la ves?

—No sé. Mucho tiempo.

El recuerdo de su madre encendió de inmediato en su interior una potente luz roja mucho tiempo apagada y olvidada.

—Hará casi dos años. Es hora de regresar y empezar de nuevo en Europa.

Uzcudun reflexionaba en silencio sobre lo que Rickard le estaba diciendo. Este improvisó una mentira y se la lanzó como un órdago:

—Ya tengo comprados los billetes. Nos vamos a Europa.

Uzcudun asintió con la cabeza.

13
Tina

Ella se incorporó en la cama. El sol entraba con brío por el ventanal de la habitación del Hotel Palace. De la bandeja de la mesilla cogió la copa de champán. Dio un sorbito, sólo para humedecer los labios, y la volvió a dejar.

—¿Cómo me encuentras?

Acababa de salir de la ducha envuelto en un albornoz a rayas azules y blancas. La miró y sonrió.

—Estás estupenda, como siempre.

—No me refiero a eso. ¿Qué me notas de especial?

La volvió a mirar desde el centro de la habitación. Bajó los brazos y los posó sobre la sábana, que la cubría sólo hasta la cintura. Incorporada sobre los grandes almohadones, dejaba al descubierto sus poderosos pechos. Sin añadir nada, volvió a sonreír.

—¡Qué tetas más hermosas tienes, Tina, ja, ja!

—¡Qué bruto eres, Paulino! Mírame el cuello.

—El cuello. ¡Ah! El collar. Sí, sí. El que te regalé en Cuba.

Un bonito collar de perlas colgaba del cuello de Tina de Jarque. Uzcudun se lo había regalado el año anterior a los pocos días de conocerse en La Habana. La famosa vedete representaba en el Gran Teatro Nacional la revista *En plena locura* y Uzcudun había combatido unos días antes en el cercano parque Almendares, donde venció a Martin O'Grady. Uzcudun acudió con unos amigos a ver la función y luego se animó a bajar a los camerinos para felicitar a la vedete. Charlaron un rato y acordaron verse pronto. El boxeador

65

quedó de inmediato subyugado por la escultural belleza de Tina y ella por aquel tipo alto y musculoso de fácil sonrisa. No entendía muy bien el trabajo de aquel apuesto muchachote, un deporte que consistía en tumbar a un rival dándole golpes sin descanso. Pero el deporte le daba igual. Sólo se sentía atraída por el hombre.

Al día siguiente, acabada la función, una calesa cubierta esperaba a Tina de Jarque frente al Gran Teatro, en la esquina del Paseo del Prado con el Parque Central. Uno de los porteros acompañó a la vedete hasta la calesa. Dentro la esperaba Uzcudun con una amplia sonrisa. Bajaron por el paseo y recorrieron el Malecón hasta llegar a la Habana Vieja. Allí, Uzcudun ordenó al cochero que diera la vuelta y volviera a recorrer la cornisa marítima. Para entonces Tina y Paulino ya se habían besado, y continuaron así, besándose y abrazándose, mientras el cochero daba otra vuelta a todo el Malecón.

Paulino la invitó a cenar esa noche y luego concluyeron la velada en la suite de ella, en el Hotel Ambos Mundos. Allí, mientras hacían el amor, Paulino le prometió un collar de perlas que hiciera juego, le dijo, con la belleza de sus ojos. Promesa cumplida: a la mañana siguiente, después de desayunar, fueron los dos a una de las mejores joyerías de la ciudad, la Joyería Ramírez e Hijos, situada en la calle Obispo, y Paulino compró para Tina un hermoso collar de perlas.

—No importa el precio —dijo Uzcudun al dueño del establecimiento.

Ramírez les mostró una especie de cofre forrado en terciopelo rojo. Dentro había un muestrario de collares de perlas de distinto tamaño. Tina, dubitativa, se los fue probando uno detrás de otro y acabó decidiéndose por el que le aconsejaba el joyero.

—¡Es precioso, Paulino! —exclamó mientras se lo ponía al cuello ante la complaciente mirada de Ramírez.

Por la noche volvieron a repetir la sesión de amor de la víspera, y Tina se introdujo en la cama luciendo una desnudez tan sólo realzada por el flamante collar.

Un año después, en la habitación del Palace de Madrid, Paulino tardó en reconocer el collar.

—Me lo pongo solamente para ti —dijo Tina—. Estas perlas están para siempre unidas a tu nombre, Paulino.

El día anterior, en un emotivo acto en el Circo Price, Uzcudun había sido homenajeado por su regreso de América. Con una diferencia de pocas horas, en el cercano Teatro Price, Tina de Jarque triunfaba con la revista *La orgía dorada*, recién estrenada en España.

—Vamos a vestirnos y luego comemos por ahí.

Tina entró en el baño mientras Paulino se vestía.

—He quedado abajo con un reportero. Me va a hacer una entrevista. Quiere hacerme preguntas acerca de mi próximo combate. Estará ya esperándome en el vestíbulo. Yo me voy. Cuando estés lista ven a buscarme a la cafetería. Ya pensaremos dónde comer.

—De acuerdo.

—¿Te apetece luego ir a los toros?

—Ya veremos, Paulino. Ahora me meto en la bañera. Hasta luego.

Arcadio Torrijón, cronista deportivo del diario *ABC*, daba vueltas en la recepción del hotel mientras esperaba al boxeador. Trataba de memorizar, sin mirar sus apuntes, las preguntas que debía formular.

—¿Hasta qué punto manda el dinero en el mundo de Paulino Uzcudun? —fue la pregunta que le lanzó a bocajarro en cuanto se sentaron en un rincón apartado de la cafetería.

—¿Por qué lo dice? —respondió Uzcudun, aunque sabía muy bien a qué se refería.

—He leído por ahí que usted preferiría disputar el Campeonato de Europa en París y no en España. Que haciéndolo allí ganaría diez veces más.

—Y es cierto.

—Entonces, ¿combatirá en París?

—En París ganaría diez veces más, es verdad. También me han

propuesto luchar en Barcelona y, si lo hiciera, ganaría dos veces más. Pero no, no voy a combatir ni en Barcelona ni en París.
—¿No? Entonces, ¿dónde?
—Me han recomendado que pelee en casa, en San Sebastián, aunque allí la bolsa sea ínfima en comparación con Barcelona o París. Pero se me ha dicho que era patriótico y no he puesto reparos.
—¿Es definitivo?
—Sí. Si es una cuestión de patriotismo, el dinero ha de quedar a un lado. Y Paulino Uzcudun ha demostrado siempre ser tan patriota como el que más.
—¿Puedo dar esa primicia?
—Haga lo que le parezca, joven —y mostró su amplia sonrisa de dientes de oro.
En ese momento, mientras un botones le mantenía la puerta abierta, salía del ascensor una radiante Tina de Jarque. Ésta buscó a Paulino con la mirada en la cafetería. Lo vio apoyado en la barra del bar.
—Mira, va derecha a Dientes de Oro —comentó un botones a otro que estaba colocado junto al otro ascensor.
—Vaya trabajito más fino que le hará a la vedete con esa dentadura —añadió el segundo.
—Será una verdadera «orgía dorada» —contestó el primero en alusión al título de la función con la que la vedete estaba triunfando.
Tina de Jarque, que había oído parte de los comentarios de los botones, cruzó el vestíbulo sin detenerse ni mirar atrás. No valía la pena darle vueltas. Sabía que una simple palabra suya sería suficiente para que aquellos dos mozuelos descarados terminaran con el rostro estampado contra la pared.
A los pocos días, Ondarzábal y dos amigos del club GU acudieron en automóvil a Madrid para recoger a Uzcudun. Tenía que retirarse a San Sebastián y empezar a entrenar duramente para el Campeonato de Europa. Los atardeceres románticos con Tina de Jarque

en el Parque del Retiro, las noches de sexo en la suite del Palace, los desayunos a media mañana en la cama iban a llegar a su fin. Uzcudun se iba a San Sebastián y la compañía de Tina iba a girar por toda España con su espectáculo de varietés.

Ya en San Sebastián, aconsejado por su amigo Julio Ondarzábal, Uzcudun decidió cambiar de representante. Los combates en Europa los iba a llevar Berthys. Firmado el contrato, el grupo de amigos fue a ver una interesante velada nocturna en el Frontón Urumea. Se trataba de una pelea muy especial. Isidoro Gaztañaga se iba a enfrentar a su compañero de farras y habitación, Mateo Osa. La expectación era máxima porque Isidoro hacía pocos días que acababa de derrotar por un rotundo KO a Ben Youssef en Pamplona.

—Hay que salir en defensa de Mateo, hay que animarlo —decían unos aficionados que se habían desplazado desde Motrico y aplaudieron con entusiasmo cuando su paisano subió al ring.

—Este combate no tiene color. Isidoro es y será siempre el mejor —afirmaban los contrarios tratando de acallar sus voces con gritos.

Uzcudun contemplaba el espectáculo junto a Ondarzábal y sus amigos del club GU. Quería comprobar en persona los progresos de Gaztañaga. Durante su estancia en América y en los meses posteriores a su regreso no había oído más que alabanzas a la técnica y el estilo de Isidoro. Según le contaban, su progresión había sido meteórica.

El combate no dio para mucho. Gaztañaga venció por KO a su amigo Osa antes de que terminase el segundo de los diez asaltos. En unos cundió la alegría y en otros la desilusión.

Sólo dos semanas después, en el mismo frontón Urumea, Gaztañaga tumbó a Joe Thomas también en el segundo asalto. En esa ocasión, Uzcudun actuó de árbitro. El público acogió con un aplauso ensordecedor el momento en que levantó el brazo de su amigo.

Qince días después, dos trenes se cruzaron en la estación de Burgos. En uno, que había partido de San Sebastián, iba Isidoro Gaztañaga rumbo a Madrid, donde tenía que enfrentarse a André Luneau. En el otro viajaba Tina de Jarque, que quería dar una sorpresa a Paulino y aprovechó un receso en la gira de *La orgía dorada* para desplazarse de Madrid a San Sebastián. Gaztañaga se instaló en la Casa Vasca y, sin más dilación, se dirigió al gimnasio para empezar a preparar el combate.

Tina de Jarque se instaló en el Hotel María Cristina. Sin perder un minuto llamó a la casa de Paulino. Tenía una noticia importante que darle. Pero nadie cogía allí el teléfono. En la recepción del hotel le facilitaron la dirección del lugar donde se entrenaba Uzcudun. Durante el recorrido en taxi repasó lo que le quería decir. Había pensado que para unir definitivamente sus amores debían unir también sus vidas. Estaba dispuesta a hablar con su representante (que era también el director de la compañía) para decirle que anulara su compromiso de ir a América. Quería estar con Paulino todo el rato. Podrían muy bien compaginar sus carreras. Cuando él combatiera en España o en Europa, ella se quedaría en Madrid o en San Sebastián. Trabajo no le iba a faltar, eso seguro. Y cuando él combatiera en América, lo acompañaría y estaría en todo momento junto a él.

Al acercarse al gimnasio, Tina se recolocó el collar de perlas en torno al cuello escotado de forma que realzara su belleza. Tras llamar tres o cuatro veces al timbre, un hombre de enorme estatura abrió la puerta.

—Paulino no está. Se ha ido al monte a correr y oxigenarse. Luego tiene sesión técnica, calentamiento y combate de preparación. No está para visitas.

—Pero es que soy Tina. He venido desde Madrid. Dígale que Tina de Jarque está aquí. Que me llame al María Cristina.

—Paulino no puede recibir visitas, y menos si son femeninas.

—Pero es que yo...

El hombretón cerró la puerta de un portazo sin darle tiempo a añadir nada.

Los siguientes días, Tina intentó contactar con Uzcudun, pero todo fue inútil. En su casa continuaban sin coger el teléfono y en el gimnasio volvieron a negarle la entrada.

—Paulino está preparándose para el Campeonato de Europa. Es el combate de su vida. No tiene tiempo para visitas femeninas.

El hombretón de la puerta, que hablaba cada vez con más rudeza, estaba acompañado por un tipo que llevaba puestos los guantes de boxeo.

—Y no eres la única chica que anda mariposeando por aquí. Que lo sepas.

Oír aquello le dolió en el alma. Durante el trayecto de vuelta al hotel apenas podía contener las lágrimas. Su decepción era inmensa. Aquella tarde la pasó llorando sobre la cama de su solitaria habitación. A la mañana siguiente realizó un último intento. En una hoja escribió a Paulino para contarle dónde estaba y lo que le ocurría. Subrayó el teléfono del hotel y el número de la habitación. Luego metió la nota en un sobre, lo dejó en recepción e indicó que lo entregasen con la máxima urgencia. Tina de Jarque, sumida en la desolación, esperó un día más y, al no recibir ninguna respuesta de Uzcudun, tomó el primer tren nocturno que salía para Madrid.

Esa misma noche, Isidoro Gaztañaga peleaba en el Cine Monumental de Madrid. Quienes acudieron a presenciar el combate no tuvieron la oportunidad de disfrutarlo. Antes incluso de que llegaran a acomodarse en sus asientos, Gaztañaga hizo besar la lona al francés Luneau con un terrible gancho de izquierda. Fin de la pelea. No había transcurrido ni un minuto.

La fama de Isidoro Gaztañaga iba en aumento a medida que se sucedían los combates. Sólo tres semanas después, derrotaba por KO a otro púgil francés, Gaston Lafont, en el recinto barcelonés del Nuevo Mundo. Entre ambos combates, Isidoro había pasado por su pueblo, Ibarra, y celebrado su cumpleaños con la familia en el caserío natal. Tenía veintidós años.

—¿Pero estás seguro? —Ansotegui volvió a repetirle la pregunta.
—Sí, sí, completamente. Lo quiero hacer —Isidoro se mostraba firme.

Contraviniendo las normas más elementales para cualquier boxeador, Gaztañaga había manifestado a los encargados de la Casa Vasca su disposición a realizar una exhibición de corte de troncos con hacha. Si ellos se ocupaban de organizarlo, él estaba dispuesto.

—¿Pero vas a hacer de aizkolari?
—Sí, como si volviera a mis orígenes.
—No es conveniente para un boxeador profesional como tú.
—Me da igual.

EXHIBICIÓN DE AIZKOLARI. Así rezaban los grandes carteles que anunciaban por todo Madrid la noticia de que, en el Circo Price, el boxeador Isidoro Gaztañaga haría su presentación como cortador de troncos. En los carteles se precisaban más detalles. Se trataba en realidad de un desafío. Gaztañaga retaba a cualquiera que se presentase a cortar el mismo número de troncos en igualdad de tiempo. Gaztañaga realizó su exhibición ante el asombro de los asistentes. Nadie recogió el guante. Con gran fuerza y destreza cortó todos los troncos que le pusieron delante. Parecía querer demostrar a todo el mundo que era capaz de superar en todo a su ídolo de Régil.

Espoleado por sus últimas victorias, Isidoro se sentía ya un campeón. Empezó a dejarse ver en los clubes nocturnos madrileños. Hubo muchas noches de jarana, alcohol y mujeres. Elegante como un galán de cine, de físico poderoso, con una atractiva sonrisa que desarmaba a cualquiera, era ya muy popular, sobre todo en el sector femenino. Iba siempre de punta en blanco y le gustaban los trajes bien cortados, en los que no le importaba gastar el dinero que hiciera falta. Las mujeres lo llamaban «el boxeador guapo».

—No me has prometido nada —la chica enredaba su mano en el pelo alborotado de él.

—¿Y qué querías que te prometiera?
—No sé, Isidoro. Algo. Si no una promesa, por lo menos un regalo.

Estaban en la cama desnudos, ella erguida encima de él.

—¿Un regalo? ¿Cuál? ¿Un collar de perlas?
—Por ejemplo. No estaría nada mal.
—Habrá collar de perlas la próxima vez, cuando gane algún campeonato importante. Ahora me tengo que ir.
—Pero, Isidoro, ¿habrá próxima vez?
—La habrá, no te preocupes. ¿Cómo me dijiste que te llamabas? ¿Carmen?

Las dos últimas semanas habían sido para Gaztañaga de fiesta continua en las despreocupadas noches de Madrid. La fecha del siguiente combate se le había echado encima sin darse cuenta. Todo había contribuido a que se relajase más de lo debido: el atractivo de las mujeres que acudían a él como moscas a la miel, el hecho de que los últimos combates los hubiera despachado con facilidad, y el saber que su próximo rival era Jesús Rodríguez, un gallego que de ninguna manera podía equipararse al argelino Ben Youssef, el británico Joe Thomas o los franceses André Luneau y Gaston Lafont.

Aquella noche de finales de junio, en el Circo Price había gran expectación por ver otra victoria del campeón vasco. Pero Gaztañaga, aún no recuperado de la juerga del día anterior, subió al ring sin apenas concentración. No daba a Jesús Rodríguez, la Pantera de Arosa, la consideración debida. El árbitro detuvo la pelea en el tercer asalto tras un fuerte puñetazo de Rodríguez y de forma inesperada lo declaró vencedor por KO. Gaztañaga protestó alegando que había recibido un golpe bajo del todo antideportivo. Procedía descalificar al gallego y declararlo vencedor a él. Aunque la bronca del público fue monumental, el árbitro no le hizo caso y Gaztañaga perdió el combate. De vuelta a casa estaba destrozado. Sus amigos del club GU y Balerdi, su representante, intentaban animarlo, pero era inútil. Estaba hundido, sin ganas de nada.

A comienzos del verano lo llevaron casi a rastras hasta la plaza de toros del Chofre, en San Sebastián. Paulino Uzcudun iba a disputar en su tierra nada menos que el Campeonato de Europa de los pesos pesados contra Ludwig Haymann. Uzcudun venció al alemán por KO en el undécimo asalto y, ante el delirio de los suyos, se proclamó campeón europeo. Ser testigo de esa victoria desmoralizó aún más a Gaztañaga.

Pero las cosas todavía podían complicarse más. Para que empezara a recuperar el ánimo, Balerdi le había concertado un combate en principio nada difícil. Sería en el Teatro Buenos Aires de Bilbao contra Antonio Gabiola, un púgil emergente al que muchos querían ver como «el Uzcudun vizcaíno». Un guipuzcoano contra un vizcaíno en lucha por el cetro vasco: la afición esperaba el encuentro con enorme ilusión. Pero llegó el día señalado e Isidoro Gaztañaga, en sus horas más bajas, no compareció.

Voluble, caprichoso, informal, Gaztañaga estaba a merced de sus cambios de humor y no le importaba romper los compromisos. Su mánager estaba desolado. Hubo que subir al ring y, ante unas gradas repletas de público, comunicar la suspensión de la pelea. La escandalera fue de las que hacen época. La prensa lo contaba al día siguiente: «La velada se tuvo que suspender porque Isidoro, a quien se había ido a buscar a San Sebastián en automóvil, se negó a venir a pesar de que había recibido ya la cantidad de cuatrocientas pesetas como anticipo».

La incomparecencia de Gaztañaga forzó a la Federación Española de Boxeo a intervenir. Gaztañaga fue descalificado por unos meses y obligado a indemnizar a la empresa organizadora con la cantidad de quinientas pesetas. La sanción, además, especificaba que «si dentro de tres meses el boxeador Isidoro Gaztañaga no ha satisfecho el importe de dicha cantidad, la descalificación será ele-

vada a un año subsistiendo la obligación de pagar las quinientas pesetas».
Los amigos del club GU de Tolosa se reunieron a cenar en el local.
—Es un cabeza de chorlito. No tiene remedio —decía uno.
—Pero es un campeón. Lo que ocurre es que está en horas bajas —explicaba otro.
—Habrá que ayudarlo. Es ahora o nunca.
—¿Podemos hacerlo? ¿Sí, verdad? Pues lo hacemos.
Se organizó una colecta entre amigos y simpatizantes para hacer frente a la sanción. De ese modo se saldó la multa y Gaztañaga evitó el castigo de estar un año sin pelear.
Surgieron nuevas complicaciones. Si lo deprimió ver a Paulino proclamarse campeón de Europa ante sus paisanos, peor fue lo que ocurrió después, cuando Gaztañaga se enfrentó en el Frontón Jai Alai de San Sebastián a su antiguo amigo el mutrikuarra Mateo Osa, al que sólo cuatro meses antes había derrotado con facilidad y que en esa ocasión lo venció por KO técnico en el segundo asalto. Aquello fue la humillación máxima: en su tierra y frente a un antiguo compañero de servicio militar y juergas nocturnas a quien desdeñaba como boxeador.
Jeromo Sansinenea, del club GU, que le llevaba y traía en coche, intentaba levantarle el ánimo. Lo mismo hacía su mánager, Balerdi.
—Mira, Isidoro, ¿cuántos combates llevas peleados?
—Y yo qué sé —Gaztañaga se cerraba en banda.
—Yo te lo diré. Hasta la fecha llevas diecinueve combates, de los que has ganado quince, la mayoría por la vía rápida, y has perdido sólo cuatro. Es un palmarés formidable para un boxeador todavía joven como tú. ¡Arriba ese ánimo!
Una mañana, cuando iban en coche al gimnasio de San Sebastián, Gaztañaga dijo a Sansinenea:
—Ya está, lo tengo pensado.
—¿Qué?

—Dile a Balerdi que me voy a América. Quiero boxear allí como si empezara de cero otra vez.

Con pocas semanas de diferencia, tres barcos partieron desde España con rumbo a tierras americanas. La vedete Tina de Jarque, despechada por la humillación de Uzcudun, se dirigía a Río de Janeiro a retomar su gira. Isidoro Gaztañaga, decidido a poner un océano por medio, viajaba en compañía de su mánager a Buenos Aires. Paulino Uzcudun, entre tanto, había subido a otro barco para ir a Nueva York.

El suyo fue el viaje de un campeón. Su imparable racha de triunfos comenzó en Nueva York y siguió en Filadelfia y Colombia, donde fue proclamado campeón de ese país. Venció también en Puerto Rico, en Santo Domingo... De regreso a Nueva York tras la victoriosa gira, sus paisanos de la colonia vasca lo agasajaron con un banquete de homenaje. Lo organizó su amigo de Tolosa Valentín Aguirrézar en el restaurante que poseía al sur de Brooklyn.

Isidoro Gaztañaga arrancó con ganas e ilusión tan pronto como puso pie en Buenos Aires. Tras cinco victorias por KO, triunfaba en Argentina como un campeón. Luego, de repente, decidió coger un barco y regresar a casa. De nuevo entre los suyos, volvió a descuidarse y a comer y beber en demasía sin preocuparse por la báscula. Las juergas nocturnas, casi diarias, no lo ayudaban a mantenerse en forma. Llegaron los Sanjuanes, la fiestas de Tolosa. Gaztañaga creía estar en condiciones de disputar un combate delante de sus amigos. Se celebró en la plaza de toros y el púgil italiano Luigi Buffi lo derrotó por KO técnico en el cuarto asalto. Humillado, Gaztañaga decidió retirarse a descansar en la casa que su mánager tenía en Hendaya.

La prensa consideraba a Gaztañaga un campeón muy irregular capaz de ganar a cualquiera de los mejores pero también de perder contra uno de segunda fila. Durante aquel mes de agosto, en San Sebastián volvió a enfrentarse a Buffi por partida doble. Perdió los dos combates. En el primero fue descalificado durante el tercer asalto por dar, según el árbitro, un golpe bajo al rival, y en el segundo abandonó el ring en el cuarto asalto montando un escándalo descomunal. Al mes siguiente se desquitó de esas derrotas venciendo al italiano en el Frontón Euskalduna de Bilbao. Pero, pese a esa victoria y a otra la semana siguiente en Madrid contra el francés Marcel Moret, Gaztañaga no se sentía a gusto. A finales de noviembre embarcó en Santander con rumbo a América. Esta vez a La Habana.

—Estoy acabado —decía Gaztañaga a Balerdi mientras veían alejarse el puerto desde cubierta.

Las olas del mar chocaban con fuerza contra el casco del transatlántico. La fuerte brisa desenredaba la abundante cabellera del boxeador.

—No seas tonto. Acabas de empezar. América se te da bien.

Gaztañaga permaneció en silencio con la mirada perdida en la distancia. Luego se volvió y se dedicó a observar a la gente que paseaba por cubierta. Sonrió.

—¿Has visto a esa mujer? —Gaztañaga golpeó con el codo el costado de Balerdi—. ¿Has visto cómo me mira? ¿Qué querrá de mí? ¡Je, je!

—No empieces, Isidoro, no empieces. Ya sabes de sobra que cuando empiezas así te pierdes.

Al tercer día de travesía, tras cenar en el salón principal del barco, Gaztañaga, Balerdi y otras personas se habían reunido en uno de los bares de la segunda cubierta. Por la radio se enteraron de que Uzcudun había perdido sus últimos combates en América: primero en el Yankee Stadium del Bronx neoyorquino contra el famoso Max Schmeling y luego, entre la euforia de los aficionados estadounidenses, contra Tuffy Griffiths en el Chicago Stadium. Las novedades despertaron de inmediato en Gaztañaga el deseo de combatir y ganar. Al día siguiente bajó al gimnasio del barco nada más desayunar y estuvo entrenando toda la mañana.

—Voy a arrasar en América —decía entusiasmado a Balerdi.

—Eso es. Así se habla.

—Primero en Cuba y luego en el resto de América
—Ése es el espíritu que me gusta, Isidoro. Como un gran campeón —lo espoleaba el mánager.

Mientras Gaztañaga llegaba a La Habana ansioso de arrollar a sus adversarios, la artista Tina de Jarque actuaba en el Gran Teatro Nacional de la misma ciudad. Tras su triste salida de España había desembarcado con su revista *La orgía dorada* en Río de Janeiro y luego había trabajado en Uruguay, Argentina, Chile y México. Llevaba meses desanimada, sin ningún interés por nada, actuando como una autómata, pero no se atrevía a incumplir un contrato firmado con anterioridad. Su madre había accedido a sus ruegos de acompañarla durante la larga gira.

—Todavía sigues pensando en ese hombre.
—Sí, no logro quitármelo de la cabeza.
—Olvídalo. Ese Uzcudun es a todas luces un cantamañanas.
—Y pensar que estuve tentada de dejarlo todo por él...
—Ni se te ocurra, niña.
—Pensé en abandonar mi carrera y quedarme a su lado. Incluso me imaginaba los hijos que podíamos tener.
—Es imposible permanecer junto a un tarambana de esa clase. Un boxeador no para quieto en ninguna parte.
—Mamá, ¿es que no lo entiendes? ¡Me enamoré de él!
—Bueno, hija, olvídalo ya. ¡Hay más peces en el mar! Además, una vedete de tu categoría tiene admiradores a cientos. ¡Se te acercan como moscardones! ¿Es que no te das cuenta? Se trata de elegir bien.

14
Lucinda

—¡Qué buenos están estos pimientitos de Ibarra! ¡Hay que ver! Probadlos rápido, que os quedáis sin nada.
El grupo de amigos estaba reunido a la hora del aperitivo en el club GU. Uno de los socios fundadores, Jeromo Sansinenea, acababa de regresar de América, y sus amigos se habían reunido para agasajarlo con una comida de bienvenida.
—Pues las chistorras, no te digo nada. Un bocado excepcional —comentó con la boca llena José Ramón—. Y ahora llegarán las anchoítas, ya veréis. Deliciosas, de verdad.
Al poco apareció doña Cecilia con una fuente de anchoas fritas que fue recibida con aplausos y alabanzas.
—Hoy se está esmerando, señora Cecilia.
—No, no —se resistió ella volviendo la cabeza—. Como siempre, nada especial.
—¿Y tú cómo sabes que las anchoas están deliciosas si las acaba de servir? —preguntaron a José Ramón.
—Pues muy fácil: porque las he probado. ¡No te fastidia! —contestó éste sin inmutarse.
Cuando en el club GU se celebraba alguna comida o cena especial, le gustaba llegar media hora o una hora antes y ayudar a la señora Cecilia en la cocina pelando o friendo o aderezando lo que hiciera falta. De paso se tomaba un par de chacolís e iba picando y probando de aquí y allá. José Ramón era un solterón de unos cincuenta y pico años que se había quedado huérfano muy joven y ha-

bía heredado un patrimonio considerable: empresas a pleno rendimiento, pisos y solares, una buena cantidad de dinero ingresada en la cuenta. No le gustaba viajar. Apenas salía de la ciudad. Además de pérdida de tiempo, los viajes de sus amigos del club le parecían chifladuras.

—Pero se trata de trabajo. Son negocios, José Ramón —trataban de explicarle.

—¡Bah!, tonterías. Siempre se puede enviar a un representante que haga el trabajo por ti. Alguien de toda confianza, ¡eh! Eso sí, de mucha confianza.

La conversación se desvió hacia las andanzas de Jeromo Sansinenea por Venezuela, México y Cuba. En La Habana había coincidido con el amigo Isidoro Gaztañaga.

—Está imparable, creedme. Ahora bien, sigue en su línea de siempre. Es una pena.

—¿Por qué lo dices? —el doctor Ladis Goiti interrumpió la conversación con otro comensal para centrar su atención en lo que estaba contando Sansinenea.

—Porque da una de cal y una de arena. Tiene unas facultades increíbles, un golpe más fuerte que el del mismísimo Uzcudun y mucha más técnica. Si alguien supiera dirigirlo como es debido podría llegar a campeón del mundo. Pero es que no se cuida nada. Al tercer día de duro entrenamiento ya no aguanta más y se va de juerga. Anda con mujeres, pierde el control y se pone a beber. En fin, un desastre.

—¿Pero no dices que gana combates?

—Sí. Cuando yo lo vi en Cuba llevaba una racha impecable de victorias.

—Venció a McTigue, todo un excampeón del mundo, que se dice fácil, ¡eh! —señaló Arcaute.

—Mira, os voy a contar —siguió Sansinenea—. De enero a marzo, en apenas tres meses, Isidoro ha vencido con claridad en cuatro combates. Al formidable McTigue lo tumbó en el primer round. Tras

ese combate, y vistos los triunfos anteriores, inapelables todos ellos, la prensa no daba crédito a lo que veía. Todos los periodistas deportivos, todos sin excepción, se han descubierto ante un campeón de la talla de Isidoro. No hay más que leer la prensa de allá.
—Bueno, y entonces... ¿dónde está el problema? —quiso saber Arcaute.
—Ya os lo he dicho antes. Lo que más llama la atención es su estilo de vida. Su desastroso estilo de vida, precisaría yo. Aunque está dotado para ser uno de los mejores pesos pesados del mundo, parece que no le da ninguna importancia y que su vida viene sólo dictada por los caprichos que le apetece satisfacer en cada momento.
—Mientras siga ganando...
—Pero es que no es eso. Si sigue así no va a ganar siempre. Lo peor de todo es que es un insensato.
—Tiene razón Jeromo —remachó Ladis Goiti—. Siempre lo ha sido.
—Sólo cinco días después de la arrolladora victoria ante McTigue —siguió contando Sansinenea—, Isidoro se acercó al Centro Vasco de La Habana. Por cierto, un club fantástico, fabuloso, recién inaugurado. Nada que ver con este cuchitril que tenemos aquí. Aquello es de ensueño, ubicado en pleno centro de La Habana, entre el Malecón y el Paseo del Prado, haciendo esquina... Bueno, a lo que voy. Resulta que en la fiesta de inauguración del Centro Vasco nuestro Isidoro quiso participar en un campeonato de pelota vasca por parejas. ¡De pelota a mano! ¡Y estamos hablando de un boxeador profesional! Aun a sabiendas de que la pelota a mano es muy perjudicial para un boxeador profesional, jugó un partido a mano por parejas. Con Goiti, seguro que pariente lejano tuyo, contra Garay y Berriatúa. Además, lo hizo muy bien.
—¡Vaya, vaya! Ése no está bien de la cabeza.
—¿Pero sabéis cómo son esas pelotas? Si parecen piedras... Bueno, en realidad son piedras, duras como pedruscos.

—Y ahora viene lo mejor —continuó Sansinenea sin hacer caso a los comentarios—. Mientras disputaban el partido, Gaztañaga dio un pelotazo fortísimo y se desprendió un trozo de pared del frontón. Os podéis imaginar. Un boxeador que juega a pelota y destroza una pared. Increíble.

—Así no llegará a ninguna parte —el doctor Ladis Goiti hizo un gesto de desaprobación con la cabeza.

Los comensales que estaban a su lado asintieron. Continuó hablando Sansinenea:

—Al día siguiente la prensa comentó que Isidoro Gaztañaga debía de tener unas «manos de acero». Textualmente. Pero la verdad, como os estoy explicando, es que Isidoro va como un loco por la vida. No mantiene la disciplina que se le debe exigir a un gran campeón. Lleva un ritmo de vida muy desordenado. Aunque todavía no ha cumplido los veinticuatro años, no parece que sea fácil de enderezar.

—Ojalá no sea demasiado tarde.

—Ésta sí que es buena. Escuchad. Mirad lo que me ocurrió con él cuando íbamos los dos paseando por el centro de La Habana. No habían pasado ni cinco días del famoso partido de pelota...

—¡Oleeé! ¡Muy bien! ¡Viva!

La narración de Sansinenea se interrumpió con la llegada del siguiente plato. Doña Cecilia y José Ramón, agarrando cada uno un asa, cargaban con una enorme cazuela de cordero asado. La señora Cecilia se retiró con rapidez a la cocina entre los aplausos de los comensales. José Ramón, todavía de pie, se dispuso a servir con un cucharón de madera.

—¡Está delicioso! ¡Exquisito! ¡Buenísimo!

Entre bocado y bocado, Sansinenea prosiguió:

—Como os estaba contando, íbamos Isidoro y yo tan tranquilos por La Habana Vieja, charlando de esto y de lo otro, cuando de repente me dice: «Espera, que voy a saludar a una familia vasca amiga mía». Y antes de que me diese cuenta había desaparecido en un portal muy poco iluminado y subía con la agilidad de un gato las estrechas escaleras. Yo no tuve reflejos para reaccionar. Estuve torpe, lo reconozco. Pero es que fue todo muy rápido. Me quedé esperando en la calle, mirando pasar a la gente mientras me fumaba un cigarrillo. Luego me dije: «Y si es una familia vasca amiga suya, ¿cómo es que a mí, siendo como soy vasco y amigo suyo, no me ha invitado a subir con él?». «Bueno, son cosas de Isidoro», pensé, y seguí fumando con la mente puesta en otra cosa. Total, que estuve esperando y esperando. Llevaba ya una media hora o más cuando me decidí a subir en busca de mi amigo. En el primer piso todo estaba oscuro. Una puerta entornada y una mortecina luz verdosa. Un largo pasillo y al fondo un salón con sofás y butacas. Se oía música. Al llegar al salón se abrió de pronto una de las puertas del pasillo y me di de bruces con Isidoro. Tenía el pelo alborotado y trataba de meterse la camisa dentro del pantalón. Al verme ni se inmutó. «Mira, ésta es mi amiga Lucinda», me dijo. «Hola —contesté—, soy Jeromo, amigo de éste.» Lucinda, una muchacha negra, alta, robusta, tenía muy poca pinta de ser vasca. Lo comprobé cuando me contestó algo que no entendí con un acento tan cerrado que parecía que acabara de salir del bohío y hubiera llegado la víspera a la capital, justamente a aquel puticlub. Una llamativa bata de colores chillones, todavía a medio abrochar, dejaba entrever dos tetas enormes y puntiagudas. Y en el cuello llevaba un collar de relucientes perlas nacaradas.

—Es que hay que cuidarlo como a un niño. De verdad, es increíble —comentó Ladis Goiti cuando Jeromo interrumpió la narración para acabar su copa de rioja.

—O sea que Lucinda, una amiga de familia vasca, ¿no? —añadió José Ramón—. ¡Ja!

—Naturalmente, no era la primera vez que se encontraban Isidoro y ella —señaló Sansinenea.

—Ni la última —agregó José Ramón.

Sansinenea continuó:

—Al salir del burdel pregunté a Isidoro: «Conque Lucinda, ¿eh? ¿Es tu novia o qué?». «No, ya te he dicho que era una amiga, pero no es vasca, ¡ja, ja!»

A la hora de los postres, la conversación derivó hacia otros temas. Luego, con los cafés y las copas, el doctor Goiti mostró a los demás un ejemplar del periódico *ABC*.

—Y aquí está el otro. Éste también parece que anda ahora dando una de cal y otra de arena.

—¿Por qué lo dices?

—Por el resultado de sus últimos combates. Comenzó el año ganando en Nueva York, en el Madison Square Garden, pero su siguiente combate, en Detroit, lo perdió. Ahora, Paulino acaba de llegar a Madrid. Mirad lo que dicen en el *ABC*.

Abrió el periódico y buscó la noticia. Según el cronista, Uzcudun acababa de regresar a España para preparar un combate contra el gigante italiano Primo Carnera en Barcelona.

En la entrevista que Uzcudun le había concedido, el periodista se interesó sobre todo por su vida privada y había conseguido sacarle esta exclusiva: «Ahora mismo estoy soltero y sin compromiso».

El doctor Goiti leyó la parte más jugosa de la entrevista entre las risas y comentarios sarcásticos de los demás.

—«¿Cuánto dinero le ha dado a usted el boxeo hasta ahora?» «¡Uf! ¡Cualquiera sabe!» «En fin, ¿cuánto, poco más o menos, le ha quedado a usted libre, salvando todos los gastos?» «¡Oh!, eso es un secreto» «¿Qué *match* le ha producido más beneficios?» «El que sostuve contra Schmeling. Gané ochenta mil dólares, de los cuales me quedaron libres unos sesenta y tantos mil...» «¿Qué piensa hacer usted en cuanto se retire?» «Pues, nada... ¡Vivir!» «Quizá se case usted...» «¡Psss...!» «¿No tiene novia?» «No, nada: soltero y sin compromiso...» «Sin embargo, esa chica de Bilbao...» «Nada, hombre; ésa es una loca; ni la conozco siquiera. La que conocí a bordo y desembarcó conmigo es una señorita americana (de nombre sajón, que nos dijo) que venía a París a reunirse con su familia. Es una joven delgada y rubia, y esta otra tiene un tipo distinto, un nombre español y ni siquiera habla inglés. Es una perturbada, y eso es todo.»

El doctor Ladis Goiti dobló el periódico y lo dejó sobre la mesa.

—Ahí los tenéis. Tal para cual.

—Estos boxeadores no tienen remedio —añadió José Ramón con sorna—. Cuando no están encima del ring partiéndose la cara, están encima de alguna señorita haciéndole un buen servicio.

—¿También andará éste enredado con mujeres, como Isidoro, y por eso pierde los combates? —Arcaute lanzó la pregunta al aire.

—Son igualitos. Las faldas los vuelven locos.

—Sí, ahí tienes a Isidoro enredado con esa Lucinda y a Paulino con la americana rubia y la loca de Bilbao. No tienen arreglo —José Ramón concluyó la conversación sirviendo a sus amigos otra ronda de ron.

Quince días después de la entrevista, Paulino Uzcudun perdió su esperado combate contra el titán italiano Primo Carnera. Por esas mismas fechas, pero en Montevideo, Isidoro Gaztañaga derrotaba a Mauro Galusso por KO técnico en el cuarto de los diez asaltos estipulados. Un mes más tarde, también en Montevideo, Gaztañaga perdió la siguiente pelea contra Guillermo Silva después de luchar durante los diez asaltos.

Una vez más, Isidoro se había descentrado. Tenía la cabeza puesta en una muchacha. No Lucinda, sino Áurea.

15
Áurea

Isidoro Gaztañaga llevaba una buena racha de triunfos en Argentina. En un Luna Park lleno hasta la bandera tumbó de un potente gancho de izquierda al argentino Raúl Bianchi alias Elefantito. De los doce asaltos previstos le sobraron once y parte del primero ya que tardó apenas diecisiete segundos en derribarlo. Y en esos diecisiete segundos estaban incluidos los diez de la cuenta del árbitro. Al combate asistía un mánager norteamericano llamado Solly King que quedó admirado de sus cualidades deportivas. A Solly King, un hombretón gordo, risueño, siempre con un puro en los labios, le gustaba bromear con todo el mundo. Una de sus bromas favoritas consistía en pegar una fuerte palmada en la espalda de alguien que tuviera un cigarrillo en los labios. Ver caer el cigarrillo al suelo era para él motivo de gran hilaridad. A las mujeres las saludaba besándolas en la mejilla de forma que las guías de su largo bigote les cosquillearan la oreja y les produjeran un roce muy desagradable. La gracia estaba en ver la confusión de la mujer.

Tras la apabullante victoria de Gaztañaga en el Luna Park, el mánager creyó descubrir un auténtico filón de oro. Sin esperar un instante entró en el vestuario y, chapurreando un español aprendido durante los años que había pasado en Tijuana y México D. F. dedicado a la compraventa de coches, convenció al púgil, con el que enseguida apalabró un contrato para pelear en Estados Unidos.

El humor del bromista Solly King fue decayendo durante los días siguientes a medida que se iba enterando de las deudas que tenía que saldar Gaztañaga si pretendía abandonar Argentina. Tuvo que hacerse cargo de un montón de impagos correspondientes a las noches de juerga del boxeador en tugurios de Buenos Aires.

—Pero, vamos a ver, ¿tú qué eres, además de boxeador? ¿Un gigoló? ¿Un borrachín? ¿Nada más que un juerguista?

Solly King no salía de su asombro, que se convirtió en indignación cuando Gaztañaga abrió el cajón de la mesilla y le enseñó más facturas y resguardos de deudas.

—Esto es lo que hay —y al decirlo Gaztañaga le mostraba al mánager gringo la más seductora de sus sonrisas.

—De acuerdo, ahora te las pago, pero cuando empieces a ganar dinero en Estados Unidos te lo pienso descontar todo.

—Me parece bien.

Pasaron dos semanas más. Solly King hizo gestiones para arreglar los papeles y saldar las deudas de Gaztañaga. Cuando creía que lo tenía todo listo para llevarse a su pupilo a Nueva York, resultó que éste le tenía reservada una nueva sorpresa. La más inesperada. Una sorpresa con un nombre. Se llamaba Áurea.

—¿Pero tú estás loco? ¿Cuándo ha sido? —Solly King no estaba para bromas.

Isidoro Gaztañaga había terminado su entrenamiento y, sentado en una banqueta junto al ring, se secaba el sudor con una toalla y callaba.

—¿Que te has casado? ¿Pero con quién? Bueno, qué más da con quién... Ahora eso me es igual. ¿Cuándo ha sido?

—Hace tres días. El viernes pasado.

—¡Estás chalado! Ahora que nos vamos a Nueva York. ¿Qué me tienes que decir?

Gaztañaga tenía la toalla enrollada alrededor del cuello.

—Pues que seremos tres en el viaje.

Hacía tres días que Isidoro Gaztañaga había contraído matrimonio con Áurea Soriano, una bailarina extremeña a la que había conocido en el club de baile Ensoñación de Buenos Aires.

Cuando llegaron a Nueva York, Isidoro Gaztañaga se instaló en un apartamento de Manhattan y comenzó a entrenar duramente. Parecía que con el matrimonio se había apaciguado. Se preparaba a conciencia y, cuando no estaba en el gimnasio, se quedaba en compañía de Áurea. Sus recorridos por tugurios y clubes nocturnos habían terminado.

La llegada de Isidoro Gaztañaga a Nueva York fue titular en todos los periódicos deportivos. Incluso en la primera plana del *New York Times* se pudo leer: «Ha llegado a Nueva York el hombre capaz de derribar de un puñetazo el Puente de Brooklyn».

Durante aquellas semanas también Paulino Uzcudun estaba en Nueva York preparándose para su siguiente combate. Por mediación de Valentín Aguirrézar, amigo común y miembro del club GU, los dos boxeadores se juntaron una noche para cenar en el Zeru Txiki, el restaurante vasco que aquél poseía en Brooklyn.

Valentín los esperaba en la puerta. Una vez sentados a la mesa llegaron las presentaciones.

—Ésta es Áurea, mi esposa.

—Y ésta Susy, una amiga.

Era una larga mesa situada junto a una pared al fondo del restaurante. Había periodistas, amigos del dueño y aficionados al boxeo más varias mujeres, amigas o esposas de algunos de ellos. En total, unas treinta personas.

—¿Quién es esa rubia que ha traído Uzcudun? —un comensal lanzó la pregunta al periodista que, sentado a su lado, devoraba con avidez su plato de carne estofada.

—Es Susy Parkerfield. Está en el mundo del espectáculo y quiere ser actriz —contestó el periodista, con la boca aún llena, limpiándose los labios con la servilleta.

El ambiente se fue caldeando durante la cena. Las botellas de champán se sucedían. Una de las gracias consistía en descorchar botellas procurando que el corcho dejara marca en el techo de la sala. La gente se había animado. Hacia los postres, Susy Parkerfield, sin hacerse de rogar, accedió a la petición de cantar algo. La vedete se arrancó con *Love for Sale*, una canción que estaba muy de moda en radios y cabarés:

> Love for sale
> Appetizing young love for sale
> Love that's fresh and still unspoiled
> Love that's only slightly soiled
> Love for sale
> Who will buy?
> Who would like to sample my supply?
> Who's prepared to pay the price
> For a trip to paradise?
> Love for sale

Mientras Susy Parkerfield cantaba, uno de los comensales saboreaba un enorme cigarro habano charlando con su vecino de mesa:

—Lo bueno de estas mujeres de treinta y tantos es que te la chupan muy bien y saben beber.

—¿Y cantar? —preguntó el otro.

—Eso es lo de menos —y expulsó una bocanada de humo hacia el techo.

Por fortuna para ellos, Paulino Uzcudun estaba en el extremo más alejado de la mesa y no oyó nada. Se encontraba en mitad de una discusión con Isidoro Gaztañaga y otros comensales. Habían bebido los dos más de la cuenta. Paulino estaba eufórico por su última victoria por KO técnico: había sido a comienzos de abril contra el canadiense Jack Gagnon en el Saint Nicholas Arena de Nueva York. Isidoro, que había bebido algo más que Uzcudun, no pudo aguantar más las fanfarronerías de su paisano:

—Paulino, yo te digo que ese tal Gragnon, o como se llame, era en realidad un paquete. Y no sólo eso. Te digo también que yo lo habría tumbado en el primer asalto y no en el séptimo como tú. Te hicieron falta siete asaltos, que yo lo vi porque estaba allí.

—Alardear es fácil y más cuando se está borracho —Uzcudun hablaba aún con tranquilidad—. Lo difícil es demostrar lo que se dice cuando se sube a un ring.

—Mira, no digas nada porque algún día, más pronto que tarde, te tendrás que enfrentar a mí. Y estoy seguro de que te tumbaré.

Uzcudun se enfadó al oír aquello. Arrojó la servilleta a la mesa, provocando la caída de su copa de champán y buscó con la mirada a su chica.

—Tú. Levántate, que nos vamos. La cena ha terminado.

Tras aquel incidente, cuando Uzcudun iba al restaurante de Aguirrézar enviaba por delante a alguno de sus amigos para asegurarse de que Isidoro no estaba dentro. Y lo mismo hacía Gaztañaga.

A finales de mayo, Uzcudun perdió un combate en el Madison Square Garden de Nueva York contra Mickey Walker. Valentín Aguirrézar llevó a Gaztañaga a ver el combate. Y solamente quince días después Isidoro venció en su pelea contra Hans Birkie. Valentín Aguirrézar llevó a Paulino a ver el combate.

—Ya no es mi amigo —le comentó malhumorado cuando salían del Queensboro Stadium de Nueva York.

—¿Cómo que ya no es tu amigo? —le recriminó Valentín.

—De aquí en adelante seremos sólo rivales. Esa amistad se terminó.

Un mes después, también en Nueva York, Paulino volvió a perder. Esa vez el combate fue contra el estadounidense Ernie Schaaf en el Madison Square Garden. Uzcudun, tras la derrota, alegó que se había sentido muy mal durante la pelea y que lo habían envenenado con el agua. Valentín Aguirrézar había llevado a Isidoro. Acabada la pelea, Valentín quiso que Isidoro lo acompañase a los vestuarios a consolar a Paulino, pero Isidoro no quiso entrar. Esperó fuera.

—Si tardas mucho me iré a casa.

—No sé lo que pasará ahí dentro. Me imagino que Paulino estará de un humor de perros. Haz lo que te parezca.

Gaztañaga cambió de parecer y, en vez de quedarse a esperar, se fue a su casa.

Más tarde, Valentín le comentó que había encontrado a Paulino rabioso como un tigre acorralado y que se agarraba al estómago debido a los retortijones por el agua supuestamente envenenada. En un arrebato había lanzado una silla contra un espejo y lo había hecho añicos.

Quince días después, Gaztañaga tenía un combate en el recinto donde venció a Hans Birkie, el Queensboro Stadium. Siguiendo la costumbre ya establecida, Valentín Aguirrézar llevó a Paulino. A Valentín le dolía mucho la repentina ruptura de la amistad entre los dos púgiles vascos y no cesaba en su empeño de reconciliarlos.

El público que abarrotaba el estadio apenas tuvo tiempo de enterarse de nada. Al poco de empezar el combate, Gaztañaga, de un potentísimo *uppercut* de izquierda, derribó a su rival, el gigante de Minnesota, Charley Retzlaff. Isidoro Gaztañaga salió del ring a hombros entre la aclamación general, el público puesto en pie.

Ver aquello no ayudaba a suavizar el humor de Uzcudun. A las dos claras victorias de Gaztañaga se añadían sus dos derrotas recientes. El distanciamiento entre los dos boxeadores se acrecentaba, y Valentín Aguirrézar nada podía hacer para impedirlo.

Un día, Isidoro le dijo a Valentín:

—Si no podemos ser amigos, sólo seremos rivales.

Pasadas unas semanas, Uzcudun, amargado, decidió regresar a España. Al subir al transatlántico realizó unas declaraciones explosivas a los periodistas.

—No volveré a Estados Unidos en unos cuantos años. Me han intentado envenenar y eso no lo puedo consentir. Aquí hay una especie de mafia que parece interesada en que yo no pueda triunfar.

Los amigos vascos, capitaneados por Valentín Aguirrézar, le habían ofrecido una cena de despedida en el restaurante Zeru Txiki, y Gaztañaga se había negado a asistir. Uzcudun partió hacia Europa y Gaztañaga se quedó en Nueva York. Un mes después de la partida del púgil de Régil, el de Ibarra tuvo el combate de revancha contra Hans Birkie, que había sido derrotado en junio y reclamaba ahora una nueva oportunidad. Durante el combate, el «bello Izzy», como llamaba a Isidoro cierta prensa americana, se lesionó una mano pero continuó peleando. Sin rendirse en ningún momento, aguantó con bravura los diez asaltos. Al final, empatados a puntos, los árbitros decidieron tras una larga deliberación dar el combate a Hans Birkie. Al conocer el veredicto hubo un gran escándalo entre el público, que se puso del lado del vasco.

La lesión le mantuvo varios meses alejado de los rings. Gaztañaga, que había reanudado sus correrías nocturnas con los amigotes de siempre, regresó a los cuidados de su paciente y sufrida esposa.

16
Elena

Uzcudun quería a toda costa olvidar el disgusto americano. Durante toda la travesía estuvo de muy mal humor, deseoso de dejar atrás la humillación sufrida. Después de pasar una temporada en casa con su madre y su hermana, decidió instalarse en Barcelona.

—Quiero hacer cosas diferentes, cosas que no haya hecho hasta ahora —explicaba a sus allegados.

A comienzos de 1933 reservó habitación en el Hotel Oriente, que estaba situado en las Ramblas. Aunque muchos de sus amigos temían que se hubiera propuesto abandonar definitivamente el boxeo, optó por apartarse sólo durante una temporada.

—¿Y qué vas a hacer mientras tanto? —le preguntaba preocupado Julio Ondarzábal.

Paulino callaba. Callaba y meditaba.

—Porque no querrás perder de golpe tu buena forma, ¿verdad?

—Volveré a cortar troncos.

Ondarzábal no dijo nada. Sabedor de que antes o después volvería a combatir, enterarse de que pensaba probar suerte como aizkolari no lo disgustó.

—Organízame un par de exhibiciones como cortador de troncos.

—¿Estás seguro?

—Sí. Y que sean aquí mismo, en Barcelona, sin necesidad de moverme.

Las pruebas de aizkolarismo de Uzcudun en Barcelona fueron

seguidas con interés por la multitud que se acercó a ver a todo un campeón de boxeo cortando enormes troncos traídos ex profeso del País Vasco.

Ondarzábal optó por no atosigarlo. Una mañana, mientras desayunaban en el comedor del Hotel Oriente, Paulino dijo:

—Julio, vuelvo a ponerme los guantes. Hoy mismo iré al gimnasio y empezaré en serio mis entrenamientos.

Ondarzábal pensó que el bache había quedado definitivamente atrás.

Una mañana, entrando en el ascensor, Uzcudun chocó con una dama elegantemente vestida. Alta, estilizada, estrecha de cintura y con un busto poderoso, llevaba la cara muy maquillada. Un llamativo sombrero con una cinta de piel de armiño adornaba su cabeza.

—Usted debe de serr el famoso boxeadorr —dijo la dama, ya en el interior del ascensor.

Al hablar arrastraba un fuerte acento gutural, sobre todo cuando pronunciaba las erres.

—Soy Paulino Uzcudun, el boxeador. Para servirla en lo que quiera, señora.

—Señorra, no. Señorrita, porrr favorr. Soy Elena Sadoven. Estamos alojados en el mismo hotel y, porr lo que veo, en la misma planta.

Cuando llegaron a recepción, Uzcudun, adelantándose al propio botones, se apresuró a abrir la puerta a la dama. Uzcudun y Elena Sadoven entraron en el comedor a desayunar, cada uno en su mesa habitual.

—Espero verrlo de nuevo, señorr Uskutun.

—Lo mismo digo, señorita Elena.

Elena Sadoven (o Helena, tal como se hacía llamar según en qué ambientes artísticos) era una soprano rusa que triunfaba en teatros de media Europa. Tras pasar tres meses en París dando voz al personaje de Marina en la ópera de Músorgski *Borís Godunov*, actuaba ahora durante todo el mes en el Liceo de Barcelona.

—¿Te has fijado en la rubia platino esa? —preguntó Uzcudun a su amigo.
—Es una cantante rusa —aclaró Ondarzábal.
—Está la mar de apetecible.

Esa misma noche, Uzcudun y Elena («la Venus bolchevique», como la describió a su amigo Ondarzábal) volvieron a verse, pero esta vez en un encuentro mucho más íntimo. Uzcudun y su amigo habían terminado de cenar y se disponían a retirarse a sus habitaciones. En el ascensor se encontraron con Tania, la muchacha eslava que acompañaba a la Sadoven. Tania Skoliskaia, además de secretaria personal y acompañante a tiempo completo de Elena Sadoven, cantaba también haciendo voces en *Borís Godunov*.

No habían pasado ni quince minutos cuando alguien llamó discretamente a la puerta. Era Tania.

—La señorita Sadoven le ruega que pase por su habitación, por favor.

La muchacha se ruborizó ligeramente y Uzcudun lo advirtió:

—Dígale que ahora mismo voy.

Cinco minutos después, Uzcudun llamó a la puerta de la habitación 406, que no estaba cerrada, sino entornada.

—Pase, señorr Uskutun, está abierta.

Uzcudun observó que la señorita Tania no estaba en la habitación. Elena Sadoven, sentada frente a su tocador, se miraba en el espejo. Volviendo un poco la cabeza hacia él, dijo:

—Me preguntaba si usted, que es un señorr tan fuerte, me podría liberarr de este corsé. Me está apretando la espalda de una forma inmisericorde.

—Por supuesto, señorita, ahora mismo —contestó Uzcudun acercándose.

—Norrmalmente me ayuda Tania, mi secretaria, pero ahora mismo ha tenido que salirr a hacer un recado. Por eso he requerido su colaboración desinteresada.

—Para mí es un placer, señorita.

—Llámame Elena, porr favorr.
—Y a mí Paulino.

Los gruesos dedos del boxeador fueron soltandos con cuidado los pequeños lazos del apretado corsé que aportaba volumen al busto de la cantante rusa. En un momento dado, el corsé cayó pesadamente al suelo y Uzcudun se agachó a recogerlo. Elena aprovechó para desabrocharse con habilidad la blusa de seda azul. Cuando el púgil vasco se puso de pie tras recoger el corsé, vio el inesperado y grato espectáculo que la soprano rusa ofrecía a sus asombrados ojos. Dos poderosos senos desnudos, erguidos como torres y mostrados en ofrenda.

—¿Qué te parrece, Paulino?

—Que esto me sobra —contestó el púgil vasco arrojando el corsé con fuerza hacia la cama.

A continuación, sus manos se posaron sobre los generosos pechos de Elena, que cerró los ojos y se abandonó.

Durante el encuentro sexual, desnudos sobre la cama, Uzcudun se asustó un poco con los rugidos de placer de la Sadoven, que atravesaban las paredes del dormitorio. En pleno fragor amatorio, lo avergonzaba pensar que quizá su amigo Ondarzábal pudiera estar oyendo aquel estruendo. Se tranquilizó al recordar que la habitación de su amigo se encontraba al final del pasillo, al otro lado del ascensor, y que era imposible que pudiera oír los gritos y convulsiones de la rusa.

—Será furor uterino. Así creo que lo llaman quienes saben de estos asuntos —comentó Ondarzábal durante el desayuno.

—Yo no lo sé, pero te digo que chillaba mucho. Demasiado para mi gusto.

—Será una costumbre rusa, ¡ja, ja! —bromeó Ondarzábal—. Tanto grito y tanto chillido. O a lo mejor es una forma de entrenar la voz.

—Igual, quién sabe. Oye, hablando de entrenamientos, vámonos ya al gimnasio que se está haciendo tarde.

Los encuentros sexuales entre Elena y Paulino se hicieron habituales. Seguían siempre el mismo patrón: cuando el boxeador se había retirado a su habitación después de la cena, la cantante Tania Skoliskaia golpeaba levemente la puerta de la habitación para requerir su presencia en el dormitorio de la soprano.

Tras el bache sufrido, se hubiera dicho que los amoríos con la cantante soviética le dieron nuevos bríos al boxeador. Uzcudun, teniendo siempre como base Barcelona, hizo una gira por toda España con su inseparable Ondarzábal. Ahora los combates se traducían en victorias. Comenzó ganando en la propia Barcelona y, a razón de un combate al mes, fue derrotando a sus contrincantes en Madrid, Valencia y Sevilla.

Por fin llegó el día. Era el mes de mayo de 1933. En Madrid y con la Plaza de las Ventas llena hasta la bandera, Uzcudun logró por tercera vez en su vida el título de campeón de Europa, esta vez frente al púgil belga Pierre Charles. Los agasajos no se hicieron esperar. Fue muy comentada la foto de Uzcudun junto a dos sonrientes mises que se agarraban a la cintura del aguerrido luchador vasco. Uzcudun mostraba una reluciente dentadura. no de oro como antes, sino de puro platino. Se había cambiado otra vez los dientes y cada sonrisa suya era un cegador latigazo del preciado metal.

De regreso a Barcelona, la vida recuperó su ritmo habitual. Le convenía comenzar una serie de entrenamientos con vistas a su obligada defensa del título europeo. No era fácil centrarse en la rutina diaria de los ejercicios. Sus muchas amiguitas lo tenían muy entretenido. Eran muy variadas, desde la niña bien que iba siempre en automóvil con lacayos uniformados hasta la simple manicura de ardientes ojos negros y deliciosa boca experta en besar.

—No me digas más. Las amiguitas y todo eso está muy bien siempre y cuando no te distraigan de tu preparación —lo recriminaba Julio Ondarzábal cada vez que Paulino le contaba alguna de sus escaramuzas sexuales.

Aquel mismo mes, en la plaza de toros Monumental de Barcelona, derrotó al púgil sudafricano Don McCorkindale. Fue una victoria ajustada, a los puntos, y los suyos no se mostraban muy satisfechos. Para felicitarlo y darle cariño llegó su amiga Elena Sadoven, que estaba actuando en la Ópera de París y aprovechó una semana de descanso. Con todo ese tiempo por delante y sin nada mejor que hacer que disfrutar al máximo de los días y las noches, la soprano rusa no dejaba a Paulino ni a sol ni a sombra. Los fogosos combates sexuales eran cada vez más notorios en la planta del hotel. Con la excusa de los rigurosos preparativos para el combate, Uzcudun intentaba mantenerse alejado. La situación se complicó cuando optó por disfrutar también con los favores de Tania Skoliskaia, la joven mezzosoprano que acompañaba a la Sadoven.

Una de las noches en que Tania apareció por su habitación para reclamar su presencia en la de Elena se pusieron de acuerdo para engañar a la altiva soprano. Tania le dijo a ésta que Paulino no estaba en su habitación, lo que era cierto porque la estaba esperando en el dormitorio de ella, la habitación 425.

Durante el desayuno del día siguiente, Uzcudun, decidido a romper con ambas, se las arregló para complicar aún más las cosas al insinuar a la Sadoven que había pasado la noche con Tania. A partir de entonces se desató una guerra sin cuartel entre la Sadoven y la Skoliskaia para determinar cuál de las dos gozaría de los favores del forzudo caballero. Éste les dijo que dirimieran ellas la contienda: él ya no iría a la habitación de ninguna.

Después de la cena, Paulino aguardaba tranquilo y sonriente en su cama. Era el gallo de pelea por el que en ese momento estaban librando su batalla las dos airadas gallinas.

—Me da igual cuál de las dos gane y venga a verme hoy. Mañana me iré con la otra sin que se entere.

A finales de octubre, en el ring instalado en la romana Piazza di Siena, Uzcudun perdió la corona de campeón contra el gigante Primo Carnera, que lo derrotó entre el delirio de miles de aficionados. «Cae el forzudo vasco», decían los titulares de la prensa deportiva.

Mientras, al otro lado del Atlántico, Isidoro Gaztañaga, desatendiendo los consejos de su mánager y su entrenador, se cuidaba poco y tardaba en recuperarse de su lesión. Cuando, todavía sin terminar de curarse, volvió a combatir, cosechó más victorias que derrotas. A Babe Hunt lo tumbó en el Coliseum de Chicago en el tercer asalto, a Joe Doctor en el White City Arena en el primero... Si ganaba lo hacía de forma contundente. Y si perdía era a los puntos porque nadie lograba derribarlo. Ganaba en Chicago y Brooklyn, pero perdía en Massachusetts y Nueva York. Combatía sólo porque su mánager, necesitado de dinero para saldar las deudas, lo obligaba.

Las semanas siguientes abandonó la disciplina y se dedicó a la juerga. Las mujeres lo adoraban. Era el bello Izzy. Algunas decían que era más apuesto y más guapo que cualquier actor de cine. Lo comparaban con Maurice Chevalier y Rodolfo Valentino. Se decía que, si se lo hubiera propuesto, no habría tenido problema alguno para trabajar como galán en las películas de Hollywood.

No habían pasado ni tres semanas de su victoria ante Joe Doctor cuando, en el Chicago Stadium, un Gaztañaga en baja forma física aguantó los diez asaltos ante Tommy Loughran para acabar perdiendo a los puntos. Las derrotas, al igual que las broncas de su mánager y su entrenador, espoleaban su amor propio. Abandonaba la vida nocturna, se ponía a entrenar con seriedad y volvía a vencer: tumbó a Vincenz Hower en el cuarto asalto y a Les Kennedy, en Brooklyn, en el sexto. Y de nuevo giraba la rueda: fiestas, bebida, mujeres, vida nocturna... Izzy, tímido y retraído antes de las primeras copas, se transformaba después en un hombre distinto con un atractivo irresistible para las mujeres. Su matrimonio había empezado a hacer agua.

El combate contra Patsy Perroni en el Madison Square Garden lo perdió, una vez más, a los puntos. Tras esta derrota, sus malos hábitos provocaron una desagradable polémica con Ricardo Alís, campeón español de los pesos wélter. Isidoro Gaztañaga declaró a la prensa:

—Ricardo Alís ya no es nadie en el boxeo. Está acabado. Es más, está sonado.
Su hasta entonces amigo replicó:
—Gaztañaga no tenía motivos para decirme eso. No sé por qué se tuvo que enfadar conmigo. Salvo que se enfade porque lo regaño cuando bebe demasiado...
—¿Y cómo es eso? —insistió al periodista.
—Sí. Es lo único que puedo decir de él, y no es por venganza, no. Es porque realmente es una pena. Isidoro es el púgil más fuerte que actualmente tiene España en la categoría de pesos pesados. Su izquierda no hay quien la resista. En América y en todas partes tiene un porvenir brillantísimo, pero... ese vino maldito lo tiene desconcertado, hundido... La bebida lo va a matar. Por eso lo regañaba yo siempre, le aconsejaba que desterrara su vicio. Como no sea su enfado por esto...
—Oye —dijo un día Isidoro a su mánager—. Que me voy a casa. Prepara todo.

Había decidido volver a su pueblo, donde sus amigos del club GU le habían preparado varios combates.

La travesía por el Atlántico transcurrió sin contratiempos, pero Isidoro Gaztañaga desapareció cuando el transatlántico Lutetia atracó en el puerto de Vigo. Un par de días después seguía sin saberse nada de su paradero. Se hablaba de él y de una dama, una dama extranjera. Decían que Gaztañaga continuaba en Vigo oculto en algún hotel. Y que, por supuesto, no estaba solo. Que lo acompañaba aquella mujer extranjera. ¿Por qué no había regresado a casa, donde todo el mundo lo esperaba? ¿Qué hacía? ¿Qué aventura tenía ahora el bello Izzy con una mujer desconocida?

En el Lutetia los habían visto bailar juntos, tontear en cubierta, perderse por los pasillos, meterse en un camarote mientras el marido de ella pasaba las largas tardes de travesía jugando partidas de póker en el salón. Ella era la esposa de Hans Krügger, el conocido promotor germano de espectáculos y eventos deportivos. Una mujer alta, escultural, con el pelo rubio platino, que fumaba en una larga boquilla dorada y no dejaba indiferente a ningún varón.

Los rumores habían llegado ya a sus amigos en el País Vasco. Ladis Goiti estaba de cacería en los montes de Ataún con sus compañeros del club GU, del que ahora era presidente.

—Es un idiota, os lo he dicho mil veces.

—Como si no lo supiéramos. Menuda novedad.

—Pues sí que nos pilla de sorpresa...

Con el doctor Goiti cazaban Jeromo Sansinenea, Valentín Aguirrézar, recién llegado de Nueva York, y algunos más.

—Aparecerá, seguro. No os preocupéis por él.

—Ya. No será la primera ni la última vez que haga una cosa de éstas.

—Si por lo menos se centrase luego en sus entrenamientos y combates...

—Y si dejase de beber tanto...

—Y si, y si... Isidoro es así, no cambiará nunca. Lo tomas o lo dejas. Y no hay más. Siempre que se habla de él es y si y si, y si hiciera esto y si hiciera lo otro... Isidoro es y si y si, pero nunca cambiará.

Terminada la cacería bajaron del monte y se alojaron en la posada del pueblo.

—Y si Isidoro y Paulino se amigasen de nuevo...

—Fijaos qué combate se podría preparar entre los dos. A nivel mundial. Dos vascos, los mejores boxeadores del mundo en una pelea nunca vista...

—Se me ocurre una idea —dijo Ladis Goiti mientras esperaban a que les sirvieran el almuerzo—. Ya que por el momento no parece posible que se junten para pelear, por lo menos que estén juntos, como un primer paso para la definitiva reconciliación. Hay que prepararle un combate a Isidoro y Paulino tiene que ser el árbitro.

Unos días después, Isidoro apareció en Tolosa. Visitó a sus padres en Ibarra y se reunió con sus amigos del club GU, que trataron de templar gaitas ante el asunto del transatlántico. Parecía que nadie quería saber por qué había demorado su regreso varios días ni qué había hecho ni con quién había estado. Se pasó como sobre ascuas por ese asunto. Sólo un periodista de San Sebastián le preguntó por la misteriosa dama extranjera. Lo abordó durante una cena celebrada en el comedor del club GU:

—Gaztañaga, ¿conoce usted al señor Krügger, el promotor de combates?

Isidoro tardó en responder. Tras enviar una sonrisa de pícaro a los otros comensales, bajó la voz y le dijo al oído:

—¿Qué si lo conozco? ¡Me estoy follando a su mujer!

Tras su aventura con la señora de Krügger, que ya era de dominio público, Gaztañaga tomó la firme decisión de ponerse a entrenar duro y con seriedad. El doctor Goiti siguió adelante con su plan. Habló, siempre por separado, con Paulino e Isidoro y, después de mucho insistir, acabó convenciéndolos. Tanto uno como otro devolvían así los muchos favores que debían al doctor.

El combate se celebró en el frontón Jai Alai de Madrid, y Gaztañaga tuvo como rival a un púgil italiano llamado Riccardo Bertazzolo.

Cumpliendo su promesa, Uzcudun actuó de árbitro e Isidoro obtuvo una rápida victoria: tumbó al veneciano antes de que finalizara el tercero de los diez asaltos programados.

Para los amigos tolosanos del GU, lo malo vino después. Aunque algunos creían aún que la reconciliación entre Paulino e Isidoro era posible, otros, más escépticos, aseguraban que sólo era una falsa ilusión. Gaztañaga y Uzcudun siguieron sin hablarse. Cada uno viajó en un automóvil distinto, Paulino para pasar las Navidades en San Sebastián e Isidoro en Ibarra.

A comienzos del año 1934, Uzcudun publicó su autobiografía. Se titulaba *Mi vida*, y un conocido periodista la había escrito de principio a fin. A raíz de la publicación comenzó un intercambio público de insultos entre los dos boxeadores. Se atacaban en la prensa y la radio como perros rabiosos. Los periodistas y aficionados que inmediatamente tomaron partido por uno u otro azuzaban el enfrentamiento. El doctor Goiti y sus compañeros del club GU ya nada podían hacer para impedir la ruptura. Todo era inútil.

17
Kitty

—Paulino lo ha llamado medio loco.
—E Isidoro ha respondido diciéndole «perro de presa».
—Ladis Goiti y sus amigos Jeromo, Valentín y José Ramón analizaban la situación. Era la hora del aperitivo y disfrutaban de unas croquetas de jamón que les había preparado doña Cecilia.
—La afición está dividida. La mitad con Paulino, la mitad con Isidoro —explicó Valentín.
—Los insultos y descalificaciones aparecen casi a diario —precisó José Ramón mientras depositaba sobre la mesa una bandeja con tazas de humeante consomé.
El doctor Goiti abrió el periódico por las páginas deportivas. Buscó la noticia y dijo:
—Aquí hay una carta enviada ayer por Isidoro al periodista Jacinto Miquelarena que dice así. Os leo:

Paulino últimamente habla muy mal de mí diciendo que me rindo enseguida delante de cualquiera y sobre todo frente a adversarios con los que él había boxeado antes. Dice que a pesar de que yo pego algo fuerte, levanto el brazo en señal de abandono en cuanto tengo delante a otro hombre que pega un poco. Y por si todas estas estupideces no bastaran, termina llamándome «medio loco». Yo, Isidoro Gaztañaga, boxeador de Ibarra, quiero pelear contra Paulino Uzcudun, boxeador de Régil, cuanto antes, y quiero que ese combate se celebre en casa, en el País Vasco, delante de todos nuestros paisanos. Acepto todas las condiciones de Paulino Uzcudun, le ofrezco todas las facilidades, quiero que la pelea se lleve a cabo porque quiero terminar de desfigurarle esa cara de perro de presa que tiene.

—Están que se matan —comentó Jeromo.

—Bueno, dejad eso ahora que aquí llega el arroz —dijo José Ramón mientras se dirigía hacia la cocina, donde doña Cecilia le indicaba que la paella estaba lista.

Esa primavera de 1934, la hostilidad entre los dos púgiles vascos fue en aumento. El famoso boxeador alemán Max Schmeling había ido a Barcelona a combatir contra Uzcudun. Con el estadio olímpico de Montjuic a rebosar, Uzcudun no pudo vencer al rival germano y el combate fue declarado nulo. Ese mismo mes de mayo, Isidoro Gaztañaga viajó a Berlín y venció a Vicenz Hower tumbándolo en el cuarto asalto.

Tras tantos insultos cruzados entre ambos, la derrota del de Régil y la victoria del de Ibarra acrecentó aún más la tirantez entre ambos. Isidoro se veía muy fuerte. Sentía que era el virtual campeón de España, pero para conseguirlo era necesario que Paulino lo invitara a combatir. Así pues, retó formalmente a Paulino a pelear por el título. Paulino no aceptó el desafío y los insultos aumentaron. En la prensa continuó el intercambio de cartas llenas de improperios y descalificaciones.

Ante la actitud esquiva y huidiza de Uzcudun, la Federación Española de Boxeo le dio medio año de plazo para que pusiera en juego su título de campeón de España contra Gaztañaga.

El *nightclub* La Luciérnaga estaba situado en un estrecho y oscuro callejón, no muy lejos de las Ramblas. Unas pálidas luces amarillas y verdes destellaban intermitentes para atraer a los noctámbulos. En una habitación del primer piso, un hombre y una mujer estaban echados sobre la cama. Ella fumaba y él bebía una cerveza.

—Hoy también me has traído bombones. Siempre me traes dulces. ¿Qué quieres, Izzy? ¿Que engorde?
—No me repitas siempre lo mismo, Kitty. Tampoco estás tan gorda.
—Regalar bombones está pasado de moda. Algo que se hace por compromiso. Es lo que hace cualquier hombre casado para reconciliarse con su mujer. Izzy, nunca me haces un buen regalo. Nunca me regalas perlas. Un bonito collar de perlas... eso sí que estaría bien.
—Ese regalo te lo haré cuando sea campeón de Europa.
—¡Qué bien! ¿En serio? ¿Y eso cuándo será?
—Y yo qué sé... Primero tengo que ser campeón de España.

Isidoro Gaztañaga esperaba que venciera el plazo que la Federación había dado a Paulino Uzcudun. Éste seguía sin responder al reto. En vista de eso, Isidoro se había relajado y había vuelto a sus juergas nocturnas. Además, se había encaprichado con Kitty, una vedete de origen mexicano que trabajaba por las noches en La Luciérnaga.

—¿Y qué tal mientras tanto un collarcito más chico, con menos perlas? Eso tampoco estaría nada mal. Luego, ya como campeón, me regalarías el grande, el bueno buenísimo.
—Hablaremos de eso en otro momento. ¿Sabes qué te digo? Que me bajo al bar a tomar otra cerveza.

A pesar de la agitada vida nocturna de las últimas semanas, a mediados de agosto Gaztañaga se presentó en el Teatro Circo Olympia de Barcelona a combatir contra el ágil cubano Joe La Roe. Isidoro no sólo estaba bajo de forma, sino que además arrastraba una considerable resaca. Aun así, dejó KO a su rival antes de que terminase el cuarto de los diez asaltos.

—¿Y esto qué es? ¿Son perlas? —preguntó Kitty.
—Es un regalo que te he traído. Para celebrar mi victoria.

Isidoro y Kitty estaban desnudos sobre la cama. Ella abrió el paquete.

—Una falda. ¿De qué color es, Izzy? Con esta luz no se puede apreciar. No sé si me gusta.
—Es lo que hay, Kitty. Si no te gusta se la das a alguna de las chicas de por aquí. La perlas tendrán que esperar.

Kitty hizo un mohín de disgusto y echó la falda a un lado de la cama. Él se puso encima de ella.

—El collar de perlas llegará con el Campeonato de Europa. Antes no.

El mes siguiente, en el mismo recinto del Teatro Circo Olympia, Gaztañaga volvió a vencer, en esa ocasión al italiano Michele Bonaglia, a quien tumbó con un brutal golpe de izquierda antes de que terminara el primer asalto. La potencia de sus puños seguía siendo insuperable.

Uzcudun seguía evitando pronunciarse sobre el combate contra Gaztañaga. Los rumores y las sospechas no paraban de aumentar. Uzcudun tenía que hacer algo para acallar a unos y a otros. De momento, decidió poner distancia por medio y marcharse a América.

Poco antes de Navidades, Isidoro Gaztañaga viajó a Berlín para pelear contra Hans Schoenrath. El ambiente en la capital alemana era muy hostil. Los nazis estaban pletóricos de fuerza y empuje. Lo acababan de demostrar con los asesinatos de la Noche de los Cuchillos Largos y a los aficionados alemanes no les sentó nada bien que un boxeador extranjero venciera a uno de sus mejores púgiles en su propia capital. Antes de que terminara el quinto asalto, Gaztañaga había enviado a su rival a la lona, lo que enfureció sobremanera a la turbulenta afición berlinesa. Su regreso fue triunfal. El doctor Goiti y sus amigos del club GU lo recibieron entusiasmados y le organizaron una cena de homenaje.

Entretanto se había cumplido ya el plazo marcado por la Federación Española de Boxeo, que le retiró el título a Paulino Uzcudun.

18
Rosario Inés

Isidoro Gaztañaga pasó aquellas Navidades en casa con los suyos. Era el comienzo del año 1935. Hacia mediados de enero, su mánager lo llevó un par de meses a París a entrenar. Tuvo dos combates contra púgiles franceses a los que ganó sin dificultad y, también por consejo de su mánager, decidió embarcarse para América. En algún punto del ancho océano se cruzaron los transatlánticos Burdeos y Letitia. En uno de ellos iba Isidoro Gaztañaga hacia América y en el otro volvía a Europa Paulino Uzcudun. A principios de marzo, cuando Isidoro desembarcaba en La Habana, Paulino lo hacía en Cádiz. El escritor argentino Roberto Arlt, que escribía sus crónicas para el diario *El Mundo* y coincidió con Uzcudun durante la travesía, describió al boxeador como una «bestia apocalíptica que muestra todo el rato su falsa sonrisa de orangután». Después de su prolongado silencio, en las primeras declaraciones que hizo en España el púgil dio a entender que no tenía interés ni en el Campeonato de España ni en pelear contra Isidoro Gaztañaga.

Éste, una vez instalado en La Habana, quedó de nuevo atrapado por la sensualidad del trópico y el ritmo de la vida caribeño. Es cierto que ganó los combates que disputó, pero, olvidando su condición de boxeador profesional, retomó su vida de juergas nocturnas en las que no faltaban ni las mujeres ni el alcohol.

En la amplia cafetería del Hotel Sevilla, en un patio abierto rodeado por robustas palmeras, se reunía una tertulia de aficionados al noble deporte del boxeo.

—Te repito que Gaztañaga tiene muy poca disciplina para ser un boxeador de primera. Te digo que no se cuida lo que debe, ni mucho menos.

—Aun así Izzy va venciendo a los contrarios que le ponen delante. Uno a uno los ha ido venciendo a todos. Y es que tiene una pegada bestial.

—Repasemos. Aquí en La Habana ha vencido a Goyito Rico, a Young John Herrera, ha vuelto a vencer, en combate de revancha, a Goyito Rico... A todos los ha derrotado por KO o por KO técnico. Es verdad que tiene un mazo descomunal.

El día 15 de mayo de 1935, Isidoro Gaztañaga cumplió veintinueve años. Lo celebró con una fiesta por todo lo alto. Tras varias noches seguidas de juerga, un mediodía se despertó con una noticia que cogió por sorpresa a sus amigos.

—Esta semana me caso. No es broma.

Así fue. Isidoro Gaztañaga se volvió a casar. Era su segundo matrimonio. Su segunda esposa se llamaba Rosario Inés Sánchez.

Con las celebraciones, el boxeador volvió a relajar su disciplina. Gaztañaga tenía tendencia a pasarse de peso con rapidez. No era de extrañar. Un periodista que acudió al Hotel Sevilla para hacer un reportaje se quedó asombrado cuando le vio desayunar. Gaztañaga engulló catorce huevos como si tal cosa.

—Isidoro, tienes que empezar a cuidarte. Deja ya de hacer tonterías.

Su mánager y sus amigos le hacían duras recriminaciones, pero él no les prestaba atención.

—Tu combate contra Hans Birkie está al caer. Métete en el gimnasio y ponte a entrenar.

Hacía ya tres años que Gaztañaga había vencido a Birkie en Nueva York. Ahora llegaba al combate falto de entrenamiento y, pese a que hizo una buena pelea, acabó perdiendo a los puntos.

Herido en lo más profundo de su orgullo pidió enseguida la revancha. Abandonó la vida disipada durante dos meses y se entrenó a fondo. Cuando llegó el día, Isidoro Gaztañaga venció a Hans Birkie en el Arena Cristal de La Habana. Recuperada la autoestima salió con sus amigotes a celebrar la victoria en la noche habanera. Otra vez la juerga, la bebida y las mujeres. Era una rueda sin fin.

En San Sebastián, mientras tanto, Paulino Uzcudun se preparaba para un nuevo combate contra el alemán Max Schmeling. Quería que se disputara en el mismo Berlín. Paulino, impresionado por la victoria de Isidoro contra Schoenrath, también deseaba triunfar en la capital alemana.

Un mes antes del combate, la revista alemana *Berliner Illustrirte Zeitung* envió a San Sebastián al periodista Robert Capa para que le hiciera un reportaje destinado al público alemán. Querían dar a conocer diferentes aspectos de la vida cotidiana del púgil vasco. El reportaje apareció quince días antes de la pelea. Consistía en un largo texto donde se comentaba un día normal en la vida del boxeador acompañado de cuatro fotografías: a) se veía a Paulino desayunando en el comedor de su casa en presencia de su madre, una señora muy circunspecta vestida de negro, y de su hermana, que trataba de ocultarse detrás de la puerta en el momento en que Capa accionaba el disparador; b) Paulino tocado con una boina vasca cortando con su hacha un gran tronco en el huerto de casa; c) Paulino acariciando a un monito que colgaba juguetón de una rama; y d) una vista de su residencia en San Sebastián con el gran coche negro aparcado delante.

El combate había despertado gran expectación en toda Europa. Era ya la tercera vez que Paulino se iba a enfrentar al forzudo alemán y hasta entonces nunca lo había podido derrotar: ni cuando lucharon en Nueva York ni cuando lo hicieron en Barcelona. Ahora Paulino quería vengarse de las humillaciones sufridas, y tenía que ser en Berlín. No podía olvidar que era allí donde su rival Isidoro había triunfado.

Las entradas se agotaron con varias semanas de antelación. El combate se celebró en el Poststadion y tampoco esa vez pudo ser.

El púgil vasco volvió a perder ante Max Schmelling. Tras el combate, Paulino, hundido, pensó que la tierra se le abría bajo sus pies.

Mientras, en Cuba, Isidoro Gaztañaga seguía compaginando la vida de boxeador con sus continuas ganas de fiesta. La intuición le decía que el Arena Cristal le traía suerte. Tras haber tumbado a Hans Birkie, venció también en la revancha a Joe Sekyra. Dos años atrás, combatiendo en Massachusetts, el árbitro había detenido la pelea y proclamado vencedor a Sekyra a pesar de que Isidoro, con un corte en la cara, insistía en continuar. Ahora él se había vengado venciéndolo por KO en el séptimo asalto. El público sacó al púgil vasco a hombros mientras seis hombres trataban de retirar a Joe Sekyra que, inmóvil como un fardo, yacía semiconsciente en la lona.

19
Irene

Irene Amarandáin se sacó el título de radioaficionada en Madrid mientras estudiaba Filosofía y Letras en la universidad. Aunque ya se conocían de Tolosa desde que eran muy jóvenes, Irene y Jeromo Sansinenea iniciaron su noviazgo en Madrid cuando él fue a la capital a estudiar Ingeniería. Lo de la afición a la radiotelefonía le venía a Irene de familia, pues su padre, arquitecto, se había iniciado en ella siendo un jovencito. Cuando él fue abandonando la afición, Irene lo sustituyó. Años después, tras casarse con Jeromo, trasladó los aparatos a su nuevo domicilio.

Irene utilizaba la onda corta para comunicarse con su marido, que estaba en América por un asunto de negocios. En el salón de su casa escuchaba las noticias de América. Los amigos del club GU esperaban con avidez las noticias que llegaban de América. Se las enviaban Valentín Aguirrézar desde Nueva York, Jeromo, ahora desde La Habana o Julio Ondarzábal, que seguía siendo amigo tanto de Paulino como de Isidoro y no paraba de moverse entre Nueva York y La Habana.

Cuando retransmitían algún combate por radio, los amigos de Jeromo subían a casa de su mujer, que, según la hora, les servía la cena o la comida, y seguían con la máxima atención las incidencias del combate.

De ese modo se habían enterado de la existencia de un joven boxeador de veintiún años del que se decía que estaba destinado a ser el mejor del mundo e, incluso, de toda la historia del boxeo.

A Joe Louis, que en realidad había nacido en Alabama, lo llamaban «el bombardero de Detroit».

Los amigos del club GU sabían que el mánager de Joe Louis y el de Isidoro Gaztañaga llevaban tiempo negociando un posible combate entre los dos. Isidoro se encontraba en plena forma y su mánager quería que fuera a Nueva York y se preparara a fondo para el Campeonato del Mundo. Parecía que el combate podía celebrarse muy pronto.

En casa de Irene, alrededor de una apetitosa cena, los amigos del GU se enzarzaron en una discusión acerca de Isidoro.

—Un combate en Nueva York entre Joe Louis e Isidoro sería sin duda algo único, lo nunca visto. ¿Por qué? Pues porque de ahí saldría el próximo campeón del mundo.

—Parece que los respectivos mánagers ya han llegado a un acuerdo.

—Sí, y que hay fecha y lugar para el combate.

Los acontecimientos se precipitaban. El tiempo pasaba y las noticias se sucedían a velocidad de vértigo.

Ese noviembre de 1935 se llegó a un acuerdo para el combate entre Isidoro y Joe Louis, pero a finales de mes el mánager de este último se echó atrás y prefirió a Uzcudun antes que a Gaztañaga. En su decisión influyó decisivamente una conversación privada con Max Schmeling, que había sido testigo de la victoria de Gaztañaga sobre Schoenrath y la forma de combatir del vasco lo había impresionado vivamente. Según él, a Joe Louis no le convenía nada enfrentarse a Gaztañaga y sí a Uzcudun, un rival más fácil.

Los amigos del club GU lo comentaron desilusionados.

—Lo siento de verdad por Isidoro.

—Sí, porque era su gran ocasión.

—Ocasión que quizá nunca más se vuelva a presentar.

—El mánager de ese Joe Louis debe de ser una persona muy astuta —dijo el doctor Ladis Goiti.

—¿Por qué?

—Pues porque Joe Louis tendría mucho que perder y nada que

ganar contra Isidoro, que ahora mismo está en plena forma. Tiene una pegada descomunal. Y todavía es joven: tiene veintinueve años.

Para Joe Louis será más fácil enfrentarse a un veterano como Paulino, que tiene ya treinta y seis años y está al final de su carrera. Sus últimos combates, contra Primo Carnera y contra Max Schmeling, los ha perdido. Lo lógico es que Joe Louis venza a Paulino y se sitúe ya en disposición de ser campeón del mundo. Paulino ha tenido tres títulos europeos y está casi acabado. Es ya mayor. Se le puede ganar.

—Pues tienes razón, Ladis.

—Yo creo que eso es lo que piensan el mánager y los consejeros de Joe Louis. Perder contra Isidoro, que está ganando peleas y no ha obtenido todavía un título de primera categoría, supondría el final de las aspiraciones de Joe Louis casi antes de iniciar su carrera. Con uno no tiene nada que ganar y mucho que perder. Con el otro no tiene nada que perder y sí mucho que ganar. La elección es sencilla.

El día 13 de diciembre de 1935 se celebró en el Madison Square Garden de Nueva York la pelea entre Joe Louis y Paulino Uzcudun. La expectación era enorme. El propio Gaztañaga, desde su hotel de La Habana, siguió el combate por la radio. Como mucha gente esperaba, Louis venció a Paulino por KO técnico. En dos minutos y medio de combate, el bombardero de Detroit dejó tumbado en la lona al leñador vasco.

En casa de Irene, los amigos del club GU de Tolosa escucharon las incidencias del combate a través de la radio intercontinental. Y todos lamentaron de verdad la derrota de Paulino.

—Ahora es el momento —comenzó a decir uno de ellos.

—¿Para qué?

—Para preparar la pelea entre Paulino e Isidoro. Tras la derrota, Paulino estará rabioso y con ganas de recuperar la moral. Después de tantos años de intentarlo, es el momento para que se celebre el esperado combate.

—Ya. Seguro que Paulino está enrabietado porque ha perdido sus últimas peleas y seguramente piensa que un combate contra su rival de siempre, Isidoro, lo pondrás de nuevo en primera línea y le permitirá recuperar el respeto de sus seguidores.

—En el País Vasco la gente está dividida. La mitad de la afición está con Paulino y la otra mitad con Isidoro. Una pelea entre ellos sería de máxima emoción, tanto que paralizaría todo el país.

20
Rosamunde

Rosamunde Krügger salió con parsimonia de la piscina después de darse un buen chapuzón. Un cuerpo imponente embutido en un ceñido bañador estampado con flores rojas y blancas que levantaba miradas de admiración.
—¿Quién es esa dama? —se preguntaron algunos en las hamacas.
Era la hora del atardecer y los camareros sorteaban las mesas para servir los refrescos.
—Es la esposa de Hans Krügger, el promotor alemán. Han venido a pasar unos días en Biarritz.
—¡Vaya monumento de mujer! ¡Una real hembra!
A la hora de la cena, el matrimonio alemán hizo una deslumbrante aparición en el comedor: él de esmoquin blanco y ella luciendo un largo vestido negro que realzaba el gran collar de perlas que colgaba sobre su escote.
Hans Krügger, que había seguido durante años la carrera de Uzcudun y, al mismo tiempo, creía firmemente en el gran potencial de Gaztañaga, al que había visto derrotar en Berlín a Schoenrath, estaba muy interesado en organizar el enfrentamiento entre los dos púgiles vascos.
Decía Krügger:
—Sería sin duda el combate de la década, y yo podría ganar mucho dinero.
Había conocido a Uzcudun varios años antes. Volviendo de

América, él y su mujer habían coincidido con él en el transatlántico. Durante el trayecto trabaron amistad y cenaron juntos muchas noches. Rosamunde también había conocido a Gaztañaga volviendo de Estados Unidos en otro transatlántico.

—Rosamunde siempre dice que es un chico estupendo —comentó el señor Krügger durante la cena.

Ella hizo un gesto afirmativo con la cabeza al tiempo que con una mano acariciaba su collar de perlas.

Krügger aprovechó la estancia en Biarritz para reunirse en el bar del Grand Hotel con Julio Ondarzábal y el doctor Ladis Goiti, a quien conocía de sus años en París, y tratar de la posible pelea entre los dos boxeadores vascos. Salieron los tres muy animados del encuentro. El alemán acompañó a los otros dos hasta la calle.

—En ese combate iré a favor de Paulino Uzcudun —dijo riéndose— ya que mi esposa es una ferviente seguidora de Isidoro Gaztañaga.

En el viaje de regreso a Tolosa, el doctor Goiti y Julio Ondarzábal comentaron las últimas novedades.

—Sabemos que Paulino no está pasando sus mejores horas.

—Los últimos combates los ha perdido.

—Sí, y ahora encima esto —el doctor Ladis Goiti apartó una mano del volante y señaló el asiento trasero, donde había un par de periódicos.

—Vaya golpe, mucho más duro que los recibidos en el ring.

—Sí. En los juzgados no puedes responder al golpe con otro más fuerte.

—Mira que le dije que no se metiese en ese proyecto. Y con gente que no conocía. Pero fue inútil.

—Todos sabemos cómo es Paulino. Más terco que una mula.

Habían dejado atrás Biarritz y, a la altura de San Juan de Luz, el automóvil avanzaba paralelo a la cornisa marítima. Ondarzábal cogió uno de los periódicos y comenzó a leer los titulares. La noticia venía en toda la prensa. Un tribunal de Madrid había procesado a

Paulino Uzcudun como implicado en el ya famoso caso del estraperlo. La palabra *estraperlo* se había hecho famosa en toda España. Estaba formada con los apellidos de dos socios de origen holandés llegados a España para hacer grandes negocios. Strauss y Perlowitz llevaron a los casinos un artilugio nuevo que debía sustituir al juego oficial. En España estaba prohibido el juego, pero Daniel Strauss pensó que con su ruleta eléctrica se podría eludir el problema. Aquel artefacto, al que se llamó estraperlo, fue presentado en el Casino de San Sebastián y también en Mallorca.

Según sus inventores, en aquel juego de salón intervenían sólo la observación y el cálculo y quedaba fuera el azar. Así se pretendía salvar la prohibición. En realidad era una burla, un engaño, ya que el crupier del casino, utilizando un mecanismo de relojería accionado por un botón eléctrico, podía alterar las jugadas y regular las ganancias a voluntad. No había, pues, ninguna destreza mental a la hora de ganar en aquel juego.

Daniel Strauss llegó con su esposa y el señor Perlo a Barcelona y allí intentó darse a conocer en sociedad y ganó cierta reputación con diversos actos filantrópicos. Eso le serviría para introducir el nuevo juego en salones y casinos. La primera instancia para la concesión del proyecto fue rechazada sin paliativos por las autoridades. Gobernaba entonces Izquierda Republicana de Cataluña. Strauss, sin arredrarse, decidió organizar un gran combate de boxeo que tendría lugar en el estadio de Montjuic y debía atraer a auténticas multitudes.

En su nueva faceta de promotor boxístico, Strauss se asoció con Joaquín Gasa, dueño de la empresa Olympia-Ring y persona con gran experiencia en la organización de veladas de boxeo. Ambos socios acordaron organizar un *match* entre dos de las mayores figuras de los pesos pesados, el español Paulino Uzcudun, campeón de Europa, y el alemán Max Schmeling, excampeón del mundo.

Según las condiciones acordadas, Strauss se haría cargo de pagar la bolsa de Schmeling (veintidós mil dólares) así como de parte de la bolsa de Uzcudun, fijada en cien mil pesetas. A cuenta de Gasa correría un porcentaje de la taquilla bruta para Paulino, además del alquiler del estadio (cuya concesión municipal costaba quince mil pesetas), la publicidad del combate y las bolsas de Gironés, Ara, Echevarría, Félix y los otros setenta boxeadores. Para la magna jornada deportiva se montaron tres rings que funcionaron al mismo tiempo. La gran velada de boxeo duró casi todo el día, pues empezó a las once de la mañana y terminó a las siete de la tarde.

Los promotores se habían encargado de caldear el ambiente. El evento se pregonó a los cuatro vientos como «el mayor acontecimiento pugilístico registrado en Europa». Max Schmeling llegó a España acompañado por su esposa, Anny Ondra, famosa estrella cinematográfica checo-polaca, muy popular en toda Europa durante la década de 1920 por sus comedias mudas y por haber interpretado importantes papeles en las primeras películas inglesas de Alfred Hitchcock. Llegó el día del combate y Uzcudun no pudo ganarlo. El *match* a dieciocho asaltos entre Schmeling y Uzcudun concluyó en combate nulo y resultó un auténtico desastre económico para los promotores, que ni siquiera pudieron cubrir con los ingresos de taquilla la sustanciosa bolsa ofrecida a los boxeadores. Perdieron unas doscientas mil pesetas.

Para resarcirse del fracaso económico, Joaquín Gasa, socio de Strauss en la organización del combate, se incorporó también al proyecto Straperlo.

—¿Qué te parece? —preguntó Ondarzábal al doctor Goiti tras resumir lo que acababa de leer en el periódico.

Habían dejado atrás la villa de Urrugne y se acercaban a Hendaya.

—Sigue leyendo y me lo vas contando.

Con el pretexto de que el novedoso artilugio llamado straperlo era un juego de destreza y no de azar, habían conseguido salvar la prohibición legal y reabrir el Gran Casino de San Sebastián. La inauguración, a la que asistieron Paulino Uzcudun y Joaquín Gasa, contó con la presencia de un millar de invitados. De pronto, transcurridas apenas unas horas desde la apertura, ocurrió lo imprevisto: la policía, pistola en mano, puso fin a las apuestas, desalojó a jugadores y visitantes y, con gran escándalo, clausuró el establecimiento por orden gubernativa.

Pensaban Strauss y Gasa que lo de San Sebastián no había sido más que un desagradable incidente, y que el artilugio funcionaría en toda España a las mil maravillas. Confiando en los beneficios que la patente pudiera reportar, Uzcudun se sumó al proyecto. David Strauss dio el siguiente paso. Un mes después se inauguró la ruleta eléctrica instalada en el casino del Hotel Formentor, en Mallorca. La afluencia de apostantes fue superior a la de San Sebastián, pero al éxito obtenido durante los primeros diez días siguió un desenlace similar al de la capital guipuzcoana y varios policías, por órdenes directas del gobernador civil, clausuraron el casino del hotel.

El doctor Goiti y su amigo Ondarzábal habían dejado atrás la frontera de Hendaya y cruzado el puente de Irún.

—¿Qué te parece si paramos a almorzar en uno de estos restaurantes? —preguntó el doctor.

—Muy bien. Donde tú quieras.

—Pues ahí mismo. En el Bidasoa.

El comedor estaba casi lleno. Consiguieron una de las últimas mesas libres y pidieron la carta. Tras decidir el menú, Ondarzábal volvió a los comentarios de la prensa del día sobre el caso del estraperlo. Después de los fracasos de Barcelona, San Sebastián y Palma de Mallorca, los socios habían intentado conseguir la autorización del Gobierno de España con la ayuda de Aurelio Lerroux, hijo del político derechista Alejandro Lerroux, exministro y expresidente de Gobierno. Con objeto de acelerar los trámites, Strauss entregó diversas cantidades de dinero a los funcionarios y políticos relacionados con el expediente. Pero ni siquiera así obtuvieron la autorización. La ruleta estaba trucada y las autoridades prohibieron definitivamente el juego. David Strauss reaccionó tratando de chantajear a Aurelio Lerroux con el fin de recuperar el dinero gastado en sobornos.

—Y ahí, al llegar a las más altas instancias, es donde explota el caso —señaló el doctor Goiti mientras degustaba una excelente merluza en salsa verde.

—Efectivamente. Todo salta por los aires. Escucha... —prosiguió Ondarzábal, que se había decantado por un chuletón de buey con pimientos verdes.

El escándalo se había destapado con la denuncia que Daniel Strauss envió al presidente de la República, Niceto Alcalá Zamora. Strauss manifestaba haber entregado dinero a destacados miembros del Partido Republicano Radical, incluido el propio hijo de Lerroux, ministros y altos cargos y, considerando incumplido el compromiso contraído por sus contactos españoles, solicitaba una compensación económica que permitiera zanjar el asunto. El escándalo fue aireado por los medios de comunicación y, en un clima de extraordinaria tensión, llegó a las Cortes, donde fue debatido y se adoptó el acuerdo de crear una comisión parlamentaria para determinar las posibles responsabilidades políticas derivadas.

En los periódicos se hablaba mucho del holandés, al que consideraban un vulgar estafador que «anduvo poco menos que a bofetadas con los gerentes de los mejores hoteles con ánimo de no pagar la pensión» y hasta lo identificaban como un sablista profesional que «llegó a sacarle 25 000 pesetas a un conocido empresario turístico» y debía otras 40 000 a Paulino Uzcudun, «a quien se las pidió con promesa de devolución y no se las devolvió».

Probada en parte la denuncia presentada por Strauss, los principales implicados fueron apartados de sus cargos. Figuras significadas del Partido Radical, como Salazar Alonso, ministro de la Gobernación y alcalde de Madrid, o el gobernador general de Cataluña, Pich i Pon, tuvieron que dimitir. El caso pasó a manos de un juez especial, que se encargaría de incoar el correspondiente sumario.

La solución adoptada, sin embargo, no satisfizo ni a la oposición de izquierdas ni a la de derechas, que coincidieron en reclamar la inmediata convocatoria de elecciones. El presidente de la República accedió y disolvió las Cortes.

Uzcudun tuvo que prestar declaración ante el juez especial y acabó procesado junto al promotor Joaquín Gasa, el hijo de Lerroux y otros más. Juzgado y condenado, tuvo que hacer frente a una fianza de diez mil pesetas. El juez, además, le impuso la obligación de comparecer en el juzgado los días 15 y 30 de cada mes, lo que le impediría alejarse de Madrid.

Ladis Goiti y Julio Ondarzábal, dando cuenta de los postres, seguían hablando su amigo Paulino.

—Está fuera de sí, como un toro rabioso. No atiende a razones —comentó Ondarzábal—. Hablé ayer con él por teléfono y te aseguro que me dio miedo. Le veo capaz de hacer cualquier cosa.

—Te creo. La decisión tendrá consecuencias. Por de pronto, se acabaron los viajes a América.

21
María, la hermana

Cuando en abril de 1931 se proclamó la República, Uzcudun había declarado en Estados Unidos: «Yo siempre he sido republicano». Algún tiempo después manifestó públicamente su simpatía por la Falange. El 14 de marzo de 1936, la Falange Española fue declarada ilegal y su fundador, José Antonio Primo de Rivera, fue detenido. Las declaraciones de Uzcudun a favor de la Falange no fueron del agrado de mucha gente, sobre todo en el País Vasco, y dieron pie a más de una crítica.

Él, de constante mal humor, arremetía contra todo y contra todos.

—Silbarme a mí. Abuchearme a mí. Sólo en España me ha ocurrido. ¡Y mira que se han cometido injusticias conmigo!

El miércoles 15 de julio de 1936, Paulino Uzcudun tuvo que presentarse una vez más ante el juzgado especial de Madrid. Estaba harto de tener que personarse en aquel lugar siniestro. Algunas veces, al acercarse, había tenido que oír gritos de «tahúr», «gentuza», o «embaucador». Aquello lo enfurecía. «Alguna vez terminará este suplicio —pensaba—. Alguna vez terminará esta humillación y todo será diferente.»

El sábado 18 de julio hacía dos días que había regresado de Madrid. En las calles de San Sebastián hubo disparos, gritos y carreras desde primera hora de la mañana.

—¡No salgas de casa! —le repetía su hermana María—. Hay mucho jaleo ahí fuera.

Empezaron a llegar rumores de detenciones y gente muerta.

—¿Pero qué ha pasado? —se preguntaba doña Joaquina, la madre de Uzcudun.

—Que los militares se han levantado en África y han saltado a la península —respondió María.

—Entonces... ¡esto es la guerra! —exclamó aterrorizada la madre.

«¡Qué bien! —pensó Paulino—. Ya no tendré que ir más a Madrid a presentarme en ese asqueroso juzgado.»

A la hora de la comida, alguien llamó con fuerza a la puerta de los Uzcudun. Paulino acudió a abrir.

Era un vecino que llegaba nervioso, fuera de sí.

—Hay grupos de comunistas y anarquistas incontrolados que van por los barrios deteniendo a gente. ¡Paulino, van a por ti!

—¿Qué estás diciendo?

—Andan preguntando por ti. Tienes que esconderte rápido.

El vecino se marchó corriendo. María cerró la puerta con pestillo. En la cocina, con su madre y su hermano, deliberaron sobre lo que tenían que hacer.

—No puedes quedarte aquí, Paulino. ¡Vete cuanto antes, inmediatamente! ¡Escóndete en algún sitio!

—¿Por qué me voy a esconder?

—No seas tonto y haz lo que te dice tu hermana —dijo doña Joaquina.

Paulino permaneció meditando en silencio. María se levantó y fue al salón. Consultó una libreta y marcó un número de teléfono. La conversación duró unos cinco minutos. Luego regresó a la cocina y dijo:

—Ya está. Vendrán a buscarte, Paulino.

A media tarde, un coche se detuvo delante de la casa de los Uzcudun. Un hombre y un muchacho descendieron del vehículo. María, que los había visto llegar desde la ventana del salón, avisó a Paulino. Éste se despidió de su madre y su hermana con un beso, cogió una bolsa de mano y salió rápidamente. El automóvil arrancó con brusquedad, haciendo sonar el claxon.

El hombre y el muchacho, Eusebio y Antonio Arturaola, eran padre e hijo y pertenecían a una conocida familia de Zarauz, militantes del PNV. El aviso lo habían recibido de un compañero de partido al que había recurrido María Uzcudun. Llegaron sin novedad a Zarauz y escondieron al boxeador en su casa.

Durante unos días, Uzcudun permaneció oculto en el refugio de los Arturaola. Luego decidió regresar a casa y a partir del día siguiente comenzó a salir a la calle. Esperaba acontecimientos favorables. Seguía con mucho interés el devenir de la guerra, que se había extendido con una rapidez inesperada por toda la península.

A principios de agosto, fuerzas rebeldes formadas sobre todo por requetés navarros, hicieron su entrada en Guipúzcoa por distintos frentes. Tomaron la villa de Tolosa el 11 de agosto. Fueron pasando los días, las semanas. Como escribió Pío Baroja, «los acontecimientos se sucedían y precipitaban al galope». Y a ellos iban siempre unidos los rumores, las noticias distorsionadas, las exageraciones. La verdad se solapaba en la mentira y la mentira se solapaba en la verdad. Uno de aquellos días, el rumor corrió por todo Tolosa a la velocidad del relámpago. Se decía que Uzcudun había aparecido en una camioneta con entre doce y quince individuos armados, que había conseguido reunir un grupo de falangistas y que luego el vehículo se había metido por las callejuelas de la parte antigua. Sabía muy bien adónde iba. Al llegar a la calle Aroztegieta, llamada Arpausokale por los tolosanos, mandó detener la camioneta a la altura de la sociedad GU y ordenó:

—Entrad.

Tres falangistas bajaron por la parte trasera y golpearon la puerta con las culatas de los fusiles. Estaba cerrada.

—Rompedla y entrad.

Según el rumor, los falangistas obedecieron con presteza y rompieron la cerradura. Entraron, y con ellos Uzcudun.

No había nadie. Todo estaba en silencio. Los falangistas recorrieron las distintas dependencias. En el salón, se lanzaron sobre el mueble-bar y, sin importarles el licor, se pusieron a beber a morro. En la secretaría, uno de los asaltantes revolvía papeles mientras otro los revisaba de forma somera y dos más lo derribaban todo por los suelos. El que parecía mayor se llevó unos cuadernos grandes de cuero que estaban sin usar. Entre tanto, en la cocina y el salón, el resto de los falangistas se dedicaba a destrozar el mobiliario, las lámparas, los sofás. Uzcudun había salido ya del club y aguardaba en la camioneta sentado al lado del chófer.

En menos de media hora el club GU de Tolosa había quedado completamente destrozado. Durante varios días, partidas de requetés guiados por saqueadores locales habían ocupado el ayuntamiento, el juzgado de la villa... Entraron en docenas de casas y se lo llevaron todo. De Tolosa partieron hacia Pamplona camiones cargados con muebles, ropa, lámparas, pianos... Aunque también los saqueadores locales se quedaron con gran cantidad de botín. La cultura no interesaba tanto y centenares de libros fueron quemados en una gran pira.

Un grupo de requetés, gritando con fiereza y exhibiendo sus fusiles de asalto, irrumpió un mediodía en la clínica del doctor Goiti.

—Venimos a requisar este centro. ¿Quién de aquí es el director? ¡Que se persone inmediatamente!

—El doctor Ladis Goiti no está en este momento —la enfermera balbuceaba de miedo.

—¿Cuándo va a venir? —uno de los asaltantes puso la mano en el cuello de la enfermera.

—No lo sé. Esta mañana no ha venido.

El doctor Ladis Goiti, militante de Acción Nacionalista Vasca, no estaba en su clínica. Tampoco en Tolosa. Varias semanas antes había partido hacia el frente con un batallón de gudaris.

Mientras tanto, en América, muy lejos de la guerra, Isidoro Gaztañaga, el boxeador de Ibarra, se encontraba muy afectado por las noticias que le iban llegando. Las escasas informaciones fiables, siempre malas, le llegaban mezcladas con rumores. Su abatimiento era tal que no tenía ganas de entrenar, no se concentraba en las peleas y le daba lo mismo ganar que perder. En Denver, Colorado, acababa de perder en el segundo asalto un combate ante el estadounidense Hank Hankinson que tenía firmado desde hacía tiempo. No era que le importase o le dejase de importar: era que su corazón, su pensamiento, se encontraban a miles de kilómetros del ring, por el que se movía como un alma en pena.

En San Sebastián se intuía que las tropas nacionales no tardarían en tomar la ciudad. Una mañana, unos anarquistas reconocieron a Uzcudun, lo detuvieron y lo encerraron en la cárcel de Ondarreta. Tras permanecer varios días detenido, Uzcudun se las arregló para sobornar a un par de carceleros y, aprovechando un momento propicio, logró escapar. Luego fue a su casa en taxi, se montó en su coche deportivo y salió inmediatamente hacia Azpeitia. Para entonces se había dado ya la voz de alarma y un coche de anarquistas de la FAI iba en su busca por la carretera del interior. Hacia la media tarde, en la plaza de Azpeitia se oyó el rechinar de ruedas de un automóvil deportivo.

Años después, en el transcurso de una comida, Germán Iñurrategui, un exiliado en México que estaba de visita en su Tolosa natal, contaría a su amigo Ladis Goiti lo ocurrido aquella tarde de septiembre de 1936.

—Yo era entonces juez de Azpeitia. Me habían trasladado desde Tolosa. En aquel momento el presidente de la junta local de Azpeitia era don Ildefonso de Gurruchaga. Aquel día, Ildefonso me invitó a comer al casino y, para favorecer la digestión, nos pusimos a pasear por la plaza.

—Sí, yo también conocí al bueno de Ildefonso —dijo Goiti—. Hasta su inesperada muerte tuvimos una amistad muy estrecha.

—Bueno —continuó Germán Iñurrategui—. Sería la media tarde cuando sentimos el chirriar estrepitoso de un automóvil deportivo. De él, más muerto que vivo, descendió el hasta entonces popular y admirado boxeador Paulino Uzcudun, que venía huyendo de San Sebastián acosado por un vehículo de la FAI. Subió Paulino de un salto las escaleras del ayuntamiento y pocos minutos después se presentó la patrulla exigiendo su detención y entrega a la justicia republicana. Ildefonso, con su característica serenidad, habló con el jefe de esa «heroica guerrilla» y pidió que mostrara la orden de detención. «¡No hace falta! ¡Es un fascista peligroso!» «Muy bien. Si es así, nosotros también sabemos administrar justicia, así que en presencia de ustedes lo vamos a encarcelar en Loyola, donde están concentradas las milicias vascas.»

Nos negaron su compañía, según ellos «porque no se podrían quitar en mucho tiempo los olores a incienso», y Paulino quedó a salvo y muy agradecido.

—No me extraña —comentó el doctor Goiti—. Le salvasteis la vida. ¿Qué te pareció Uzcudun?

Continuó hablando el juez Iñurrategui:

—No puedo decir si Uzcudun era bueno o malo, o si era fascista o no. Lo que sí sé es que era un fatuo, que por cualquier motivo sonreía para presumir del oro, muy abundante por cierto, de su dentadura.

El juez Iñurrategui, miembro también del club GU, ignoraba aquella tarde en Azpeitia que Paulino Uzcudun era uno de los que habían entrado con los falangistas a destrozar el club.

A mediados de ese mes de septiembre, el día 13, los nacionales tomaron San Sebastián. La gente se apretaba en las aceras para ver entrar a las tropas. Mucho más tarde, Maite Mendizábal, que entonces tenía doce años, recordaría que ella y su hermana Mariasun vieron en la actual Avenida de la Libertad a Paulino Uzcudun vestido de militar y subido a la capota de un jeep lanzando una arenga en la que pedía a gritos la cabeza del dirigente nacionalista Manuel de Irujo.

Paulino Uzcudun pedía la cabeza de Manuel de Irujo, pero no hacía ni dos meses que habían comido los dos juntos en alegre camaradería. Luego incluso habían jugado a pelota y había ganado Irujo.

Lo contaría el mismo Irujo:

> El 17 de julio fui de Madrid a Tolosa porque tenía una reunión de la papelera en la que era consejero. Nada más bajar del tren, en la misma estación, los que habían venido a recibirme me dijeron: «Se ha suspendido la reunión. Hoy hay Aneraun». «¿Qué es Aneraun?», les pregunté. «Es un caserío, una casa de comidas que está en Andoáin. Todos los años hay una fiesta. Va mucha gente conocida, gente de Tolosa y de otras partes. Ven.» Fui.
>
> Efectivamente, había mucha gente. Comimos, hablamos, reímos... Fue un día muy agradable, lo pasamos muy bien. Recuerdo que entre las personas que allí se encontraban estaba Uzcudun. Jugué a pelota con él y le gané. Terminada la fiesta bajamos hacia Tolosa y unos obreros, al pasar, me dijeron que el Ejército se había sublevado. Les dije a mis amigos que lo sentía, pero que no podía ir a la reunión de la papelera. Fui a San Sebastián, a ver al gobernador civil, que por cierto era de Pamplona.
>
> —¿Qué es lo que pasa?
>
> —Se han sublevado, pero se cree que la rebelión podrá ser aplastada.

La rebelión no pudo ser aplastada. Muchas poblaciones guipuzcoanas fueron cayendo ante el imparable avance rebelde. Una semana después, las tropas del general Mola entraron en Vergara. Entre los que tomaron la villa de Vergara estaba Paulino Uzcudun.

A principios de octubre recibió una llamada de teléfono. Su respuesta fue:

—Sí, iré.

Esa misma semana, el día 7, se encontraba ya en Sevilla. Las autoridades falangistas de la ciudad lo llevaron inmediatamente a la sastrería Roldán, la más famosa de la ciudad, en la Plaza del Pan.

A la salida, un grupo de gente lo reconoció y empezó a aplaudirle. Lo rodeaban fotógrafos y periodistas de la prensa local. Uzcudun, con un flamante uniforme de falangista y un fusil ametrallador en la mano, mostraba una amplia sonrisa y se dejaba fotografiar. En una terraza de la misma plaza se dispuso a contestar a las preguntas de la prensa.

—Sí, sí, mi madre y mi hermana María se han quedado allí. Hemos sufrido mucho.

—¡Una foto! ¡Una foto!

Uzcudun sonreía sin cesar.

—¡Eh, muchachas! ¡Sí, vosotras dos! ¡Venid aquí!

En una terraza cercana, las dos chicas se miraron, dudaron un poco y se levantaron para acercarse a Uzcudun, que las agarró del talle y posó para los fotógrafos. El fusil ametrallador colgaba en bandolera y el lustroso correaje de cuero destacaba sobre la camisa azul.

—A ver, ¿cómo os llamáis, chicas?

—Ésta es Celia y yo soy Beatriz.

Los fotógrafos disparaban.

22
Celia y Beatriz

Un grupo cada vez más numeroso se arremolinaba delante de los escaparates del comercio. En uno de los lados de la Plaza del Pan estaba situado el establecimiento de confecciones Pedro Roldán. Aquel mediodía, el revuelo ante la entrada era enorme. Dos dependientas habían cerrado las grandes puertas de cristal y no dejaban entrar a nadie.

—¡Es Paulino Uzcudun! ¡El boxeador! ¡Está dentro!

Cuando salió, rodeado de periodistas y fotógrafos, tuvo que sentarse en una terraza de la cafetería que estaba al lado de la tienda. La gente se puso a gritar: «¡Viva Paulino Uzcudun! ¡Vivan los falangistas valientes!».

Enseguida pidió al camarero una jarra de cerveza con limón para Celia y Beatriz, las chicas que habían accedido a fotografiarse con él. Los periodistas del *Correo de Andalucía*, de *Falange Española*, de *ABC* y de otros medios aguardaban su turno para la entrevista en exclusiva.

Sobre la mesa había dejado el reluciente fusil ametrallador, con capacidad para peines de 32 balas, calibre nueve corto.

—¿Para tu uso? —preguntó alguien.

—No, que va a ser para retratarme —respondió Uzcudun con gracejo.

Vestido con su flamante camisa azul, buscó al reportero de la revista *Falange Española*. La primera entrevista debía ser para él. Empezó a hablar el periodista:

—Apenas libre de las garras marxistas, que lo apresaron, usted corrió a alistarse en el Ejército Azul, y con él, batiéndose bravamente, ha tomado parte en diversas acciones guerreras...
—Antes que nada soy español —lo interrumpió Uzcudun.
—En Vergara entró en cabeza con las tropas que la reconquistaron. Ahora ha venido a Sevilla a descansar unos días del trajín de la guerra. Después...
—Después —dijo— al frente de nuevo. Quizá Bilbao, quizá Madrid. Aún no lo sabemos seguro.
—¿Cuál es su misión en esta odisea?
—Mire, yo no me he significado nunca en política. Es más, ni he votado siquiera en las elecciones porque los artistas que dependemos del público no debemos preocuparnos de eso. Claro está que yo siempre he tenido un amor por encima de todo y éste ha sido el de mi patria. Y esto es lo que no me perdonaban los nacionalistas vascos: el que yo declarase siempre que era español y no vasco. Por eso sólo me tenían ganas, nada más que por eso. Desde el primer momento pude escapar, pero el temor a que hicieran a mi familia objeto de represalias me decidió a no hacerlo. Pero tan difícil se puso la cosa que no tuve más remedio que huir cuando ya se disponían a liquidarme. En Régil, de donde yo soy, los rojos nos destrozaron la casa; pero, por fortuna, ni a la madre ni a la hermana les ocurrió nada.
—Díganos ahora algo sobre sus proyectos deportivos.
—No, por ahora no pienso en el boxeo. Bastante tenemos —añadió sonriente— con esta pelea que por España hemos emprendido.

Cuando el reportero partió raudo a la redacción, le tocó el turno al periodista del *Correo de Andalucía*, Antonio Cantos, que lo había conocido aquella misma mañana. Consiguió hacerse un hueco al lado de una de las chicas.
—Hola, periodista.
—Hola, Paulino.
—Aquí me tienes. Llegué esta madrugada, como te dije antes, y varios días me contaréis entre vosotros.

—Me contarás tu odisea. Ya sé que fuiste preso por los rojos y...
—Verás. Estaba yo en San Sebastián el 18 de julio cuando estalló el movimiento. Chico, te digo mi verdad: que yo no sabía, ni por asomo, de qué tipo era el movimiento. Claro, como mi familia toda era y es de derechas, ¡de toda la vida!, al preguntar yo detalles, un grupo de individuos con escopetas se me acercó enfilando sus armas, con la frase, ya tan manida, de «¡manos arriba!». «¡Ah, si es Paulino! ¡Hale, con nosotros!» «¿Pero adónde vamos?» «A ti no te importa. ¡A seguirnos volando y a coger un fusil, que tenemos que armar la revolución!» «No pongas reparos si no quieres "caer" aquí mismo», dijo otro, «no hay más que dos caminos: con nosotros o contra nosotros.» Como me vieron titubear, entre todos me cogieron en volandas y me metieron en un auto. Uno de ellos ordenaba al conductor imperativamente: «¡A la cárcel!». Allí, encerrado en una mazmorra, me tuvieron varios días hasta que una buena mañana el carcelero que me guardaba entró en mi celda diciéndome: «Paulino, me parece que ha llegado tu última hora. Ponte a bien con Dios o con el demonio, porque de hoy no sales». «¿Yo? ¿Por qué? ¿De qué se me acusa?» «De carca. ¿Quieres más? Que es como decir traidor a la causa que defendemos. ¡Te has significado tanto...!» En mi ofuscación empecé a buscar el medio de fugarme, hasta que, horas después, mediante una cantidad que ofrecí, salía a la calle. Una vez libre, y como yo soy tan popular y conocido en San Sebastián, cogí un taxi. Y luego me fui hasta Azpeitia.

—Después...

—Después ya no pensaba más que en trasladarme a Sevilla. Por cierto que no tengo palabras suficientes con que agradecer tantísimas atenciones.

—Otra foto más con las chicas, Paulino, por favor.

—Sí, señor, con estas sevillanas tan saladas que tengo a mi lado, las que hagan falta. ¿Cómo os llamabais?

—Yo soy Beatriz y ella es Celia.

El sábado siguiente hubo toros en Jerez de la Frontera. En el festival patriótico-taurino, a Uzcudun se le reservó lugar preferente en el palco de personalidades. Su presencia fue acogida con aplausos entusiastas. Torearon los diestros Juan Belmonte, que sufrió un percance, y Joselito Sánchez Mejías.

Agustín Aznar había sido liberado de la cárcel de Vitoria. Como jefe de milicias viajaba por toda la zona nacional en visitas de inspección. En Valladolid contactó con José Antonio Girón de Velasco, que desempeñaba el mando de una centuria. En Sevilla el jefe de la Falange era Joaquín Miranda. Banderillero profesional, era despreciado por los señoritos de la provincia. Para contrarrestar sus complejos se rodeó de asesores militares y monárquicos que no eran originalmente falangistas. Desde el principio de la rebelión, Joaquín Miranda se puso en cuerpo y alma al servicio del general Queipo. El 29 de agosto, acompañado por Redondo, Aznar llegó a Sevilla por invitación de Miranda.

A primeros de septiembre Agustín Aznar ideó un vasto plan para, con otros once falangistas, rescatar a José Antonio Primo de Rivera, preso en Alicante. Visitó a Franco y a Queipo de Llano. Éste, de acuerdo con Franco, le entregó un millón de pesetas sacados del Banco de España en Sevilla, que en esos momentos solamente contaba con seis millones en caja.

La expedición embarcó en Chipiona en el torpedero alemán Iltis, que el 15 de septiembre fondeó en Alicante con los once falangistas a bordo. Agustín Aznar, que contaba con la colaboración de tres mujeres de la Sección Femenina y el apoyo de Von Knobloch, cónsul honorario de Alemania en Alicante, desembarcó con pasaporte falso. El plan, que incluía varios sobornos, fracasó, y Aznar, tras varias aventuras en tierra, consiguió huir.

A finales de ese mismo mes, después de una entrevista con el general Franco en Badajoz, Agustín Aznar proyectó un nuevo golpe de mano. Esta vez sería una acción de comandos y contó nuevamente con el apoyo de Franco. Se reclutó a unos cincuenta falangistas, que iniciaron su preparación en Sevilla. Entre ellos estaba Paulino Uzcudun, que debía ser quien rompiera a hachazos las puertas de la prisión de Alicante. Estaban instalados en las afueras, en la finca de José Cámara. La gente entraba y salía. Todo el mundo quería hacer escapadas a Sevilla. Había un total de ochenta hombres y era muy difícil retenerlos en aquel lugar. Los días pasaban. Una preparación que iba a durar, en principio, ocho o nueve días se alargaba ya demasiado. Y cuanto más se alargara, más riesgo corrían de que alguien hablara de más. De un día para otro, todo saltó por los aires.

Dos falangistas se emborracharon en un café de Sevilla y se fueron de la lengua con unas mujerucas. De ahí la noticia saltó a una emisora de Tánger. En Sevilla se comentaba que, incomprensiblemente, una emisora de radio africana había alertado a los rojos de lo que se estaba tramando.

Ese mismo día, Girón de Velasco tuvo una entrevista con Agustín Aznar. Éste le comentó que el general Franco había dado una cantidad importante de dinero para cubrir los gastos de la operación. El plan consistía en sobornar con ese dinero a los vigilantes de la prisión para que les permitieran entrar y, una vez dentro, sacar a José Antonio como fuera. Ahí, la ayuda de Paulino Uzcudun era fundamental. Después de la entrevista con Aznar, Girón de Velasco entró en un café a comer algo y un individuo le dijo:

—¿Usted también es de los que van a Alicante a rescatar a José Antonio?

A Girón se le cayó el alma a los pies. El proyecto de rescate era un secreto a voces.

Otro de los miembros del comando estaba en la calle Sierpes tomando un café cuando se le acercó un limpiabotas: y cuál no sería su sorpresa cuando el limpia le comentó:

—¡Qué, camarada! ¿También eres tú de los que van a liberar a José Antonio?

Era lógico pensar que un «secreto» que conocían hasta los limpiabotas de Sevilla no podía mantenerse oculto a la información republicana.

Paulino Uzcudun, junto con diversas autoridades, realizó una visita a la bodega de los señores González-Byass en Jerez de la Frontera. Los acompañaba la prensa. Uzcudun dio unos pasos y alzando la copa proclamó:

—¡Brindo con tío Pepe por España!

Los flases destellaban sin cesar.

Al día siguiente llegó a Sevilla el representante de Alemania en Alicante y avisó a los jefes falangistas: «No se les ocurra ir. Los están esperando y van a caer todos».

A las indiscreciones no fue ajena una emisora nacional, que dio la noticia de que «un grupo de temerarios falangistas iban a intentar la evasión del jefe nacional de la Falange». A los pocos días llegó la confirmación de que el servicio de información republicano estaba enterado. Pasados veintitrés días del comienzo de los preparativos, los periódicos de la zona roja publicaron lo que había dicho la radio.

—Nada que hacer —lamentó Agustín Aznar—. Se abandona el proyecto.

Al saberse que uno de los miembros más destacados del comando que debía rescatar a José Antonio era el púgil Paulino Uzcudun, muchos periódicos republicanos arremetieron contra él. Un diario anarquista de Valencia publicó esto: «Paulino Uzcudun es la personificación de la bestia humana. Es un espíritu bovino injertado en perro. El exboxeador es un gorila domesticado. El buzón de su boca sonríe al fotógrafo como lo haría un bulldog pagado de su fealdad, espejo del alma, en una exposición canina».

A la salida de la finca de José Cámara, Paulino Uzcudun, camino de Sevilla, comentó con el falangista que conducía:

—Hemos estado preparándonos bastantes días, pero luego yo no sé qué coño ha pasado, que nos han disuelto y todo se ha acabado. ¿Y tú qué vas a hacer ahora, Antonio? ¿Volverás a Badajoz, a tu pueblo?

—Seguramente. ¿Y tú? ¿Dónde te dejo?
—De momento déjame en Sevilla. Tengo ahí un par de chiquitas con las que quiero estar. Se llaman Celia y Beatriz. Llévame a la Plaza del Pan.

23
Lola

Abortado el plan de Sevilla y disuelto el comando de falangistas, Paulino Uzcudun regresó a San Sebastián. José Antonio Primo de Rivera fue fusilado en la prisión de Alicante el 20 de noviembre de 1936. Ese mismo mes se publicó un número de *Gudari*, la revista del PNV, donde lamentaban haber dejado libre a Uzcudun, criticaban el error de haberlo protegido y le atribuían la responsabilidad de los fusilamientos en San Sebastián. El texto era demoledor: «El miserable tahúr, traidor y fracasado boxeador Uzcudun es el encargado de los fusilamientos en Donostia. Este orangutanado personaje trabaja en la retaguardia su siniestra misión. ¡Cobarde! Tu lugar está en el parapeto; verás como no llegas al noveno *round*».

Un mes antes se había constituido en Gernika el primer Gobierno Vasco bajo la presidencia del lehendakari José Antonio Aguirre, acto que fue posible gracias a la contención de las tropas franquistas por parte de las fuerzas vascas en la línea Intxortas-Elgueta.

El doctor Goiti había salido de Tolosa al comienzo de la guerra y estaba con los gudaris en la zona de los Intxortas. Allí se topó con la gran ofensiva fascista de finales de marzo y principios de abril de 1937. Posteriormente, ya en prisión, Ladis Goiti comentaría con sus compañeros de celda: «Hubo un salto cualitativo: lo que ahora venía contra nosotros era algo muy diferente. Apareció la aviación; primero la alemana y luego la italiana. Menos mal que había neutralidad».

La guerra se internacionalizó. Llegaron los primeros tanques y aviones rusos y voluntarios extranjeros antifascistas. También la Legión Cóndor de Hitler y las fuerzas de Mussolini.

A dos kilómetros de la salida de Elgueta, en el cruce de carreteras para ir a Mondragón por Kanpázar y a Vergara por Anguiózar, los gudaris vascos detuvieron al invasor al precio de mucha sangre y muchos muertos. La batalla de los Intxortas, en la que participó el doctor Goiti, fue terrible.

Los intentos de penetración de los días 22 y 23 fueron rechazados. Las tropas vascas defendieron heroicamente sus posiciones hasta que el frente se rompió el día 24. Elorrio había sido ocupado y los defensores de los Intxortas, a punto de ser copados, se retiraban desordenadamente hacia Ermua por el collado de Egoarbitza.

En palabras del doctor Goiti, «la presión de la ofensiva final fue incontenible: la cadena se rompía en el eslabón más débil y, como no había fuerzas de maniobra para taponar el hueco, se hundía toda la línea y había que ir para atrás. El que demostró que se podía aguantar fue el comandante Beldarráin en los Intxortas. A pesar de que lo atacaron con toda dureza no pudieron pasar; tuvieron que hacer la clásica maniobra de rodeo».

Era una lucha a vida o muerte, sin cuartel. Una idea de la furia del ataque la daba el recuerdo de la terrible amenaza lanzada por el general Mola a los vascos: «Último aviso: he decidido terminar rápidamente la guerra en el norte de España. Si vuestra sumisión no es inmediata, arrasaré Vizcaya empezando por las industrias de guerra. Tengo medios sobrados para ello». Ya al día siguiente de la insurrección, el 19 de julio de 1936, el general Mola había afirmado: «Es necesario propagar una imagen de terror. Cualquiera que sea, abierta o secretamente, defensor del Frente Popular debe ser fusilado».

Y así fue. No hubo piedad. En cuanto cayó Elgueta, la represión de los fascistas fue inmisericorde. Un par de días después cayó también Éibar, y los sublevados se entregaron a una orgía de represión y muerte. Durante la retirada, Ladis Goiti tuvo noticia de uno de los episodios más crueles e innobles de esa represión: a una niña de catorce años, tras matar a sus padres, la violaron y le cortaron las manos.

Un par de meses después de la batalla de Elgueta, el 3 de junio, el general Mola murió al estrellarse su avioneta en tierras de Burgos cuando regresaba a su base de Vitoria. Su muerte fue motivo de satisfacción para gran cantidad de vascos. Los gudaris celebraron la noticia con alegría. Los que pudieron conseguir algo de alcohol brindaron por ello. Un bertsolari improvisó rápidamente unas estrofas que enseguida corrieron de boca en boca entre la tropa: «Dicen que ha muerto Mola al caerse del pájaro».

Comenzaban así:

> Una noticia agradable
> nos ha sorprendido,
> no es ni mucho menos
> la peor que podíamos recibir:
> un enemigo empedernido
> de Euskadi, Mola,
> ha muerto al caerse de un pájaro.

Y terminaban de este modo:

> He aquí el cometido
> que tenía el gerifalte Mola:
> no había más que destrucción
> en sus ambiciones.
> Se perdió el avión
> y con él cayó Mola:
> ya no dará más guerra
> en este mundo.

Pero la guerra continuaba. Los rebeldes proseguían su avance y los gudaris retrocedían. El 19 de junio, las tropas fascistas entraron en Bilbao. La compañía de gudaris del doctor Goiti, que tras los Intxortas y la batalla de Elgueta había estado en Bilbao, retrocedió hasta Laredo. En agosto se firmó el pacto de Santoña. Para entonces, Ladis Goiti ya había caído preso.

Isidoro Gaztañaga llevaba meses instalado en Florida. Las noticias que le llegaban de su tierra eran pésimas, y poco a poco iba imaginándose lo peor. Aparte de los desastres de la guerra, lo más duro para él era no poder regresar a casa para estar con su familia. Se fue haciendo a la idea. Desde comienzos de año hasta el verano, Gaztañaga participó en cinco combates sin salir de Florida. Los ganó todos, primero en Sarasota, luego en Tampa, a continuación en Miami Beach y dos más otra vez en Tampa.

En junio, Uzcudun se encontraba de nuevo en Sevilla. Entre los aplausos de sus admiradores, subió al ring en calzón corto para participar en una exhibición de boxeo a favor de las tropas nacionales. En la fiesta posterior se dejó ver en compañía de una señorita llamada Lola que lucía un espléndido collar de perlas alrededor de su esbelto cuello.

Isidoro Gaztañaga continuó combatiendo en Estados Unidos. Con la caída definitiva del País Vasco en manos de las tropas franquistas, su ánimo volvía a estar por los suelos. Pero los contratos estaban firmados de antemano. De los cinco combates en los que intervino antes de finales de año perdió dos seguidos en San Luis, Misuri, y ganó los dos siguientes en Detroit, Michigan, y uno más en Detroit en el mes de octubre. Por esas mismas fechas, Uzcudun participaba en Málaga en una velada pugilística de exhibición a favor de las tropas de Franco.

En diciembre, Gaztañaga perdió un combate en San Luis contra John Henry Lewis, el mismo púgil a quien dos meses antes había derrotado en Detroit.

24
Yoseline

Los amigos recriminaban a Isidoro Gaztañaga la dejadez en que había caído.

—¿Pero qué haces, hombre? Deberías cuidarte un poco más, como lo haría un deportista de nivel mundial, que es lo que eres. Bueno, lo que eras.

—¡Bah!, dejadlo, qué más da. Olvidadlo —él hacía un gesto de desprecio y miraba hacia otra parte.

A principios de 1938 estaba en La Habana. La última semana de enero venció con facilidad en el Arena Cristal al púgil cubano Gregorio «Goyito» Rico tumbándolo en el cuarto de los diez asaltos. El boxeador vasco seguía conservando su terrorífico gancho. Como ya era habitual, después de cada victoria se dedicaba a la juerga, a las mujeres, a beber. También a comer. Era un bárbaro comiendo. Un promotor cubano que quería organizarle varios combates le pidió que bajara veinte libras para quedarse en doscientas. Gaztañaga le contestó:

—Sí, cómo no, lo que tú digas.

Pero alguien dijo al promotor que fuera una mañana al Hotel Sevilla y lo viera desayunar. Las cacerolas de tres huevos desfilaban por su mesa una detrás de otra. Después de los doce huevos, que el cocinero tenía orden de servirle todas las mañanas en primer lugar, llegaba tocino, café, tostadas, la copa de ron... Sus amigos no daban crédito a aquella glotonería y el promotor, al verlo, se desentendió de él.

Fue entonces cuando Gaztañaga empezó a pensar en marcharse a Colombia. Pero primero se desplazó a Detroit, donde perdió su combate en el Olympia Stadium contra Roscoe Toles. Los aficionados estaban de acuerdo en que Izzy Gaztañaga había entrado en el declive definitivo.

—¿Sabes lo que dicen los periódicos de ti? —sus amigos intentaban que reaccionara.

—Ni lo sé ni me importa. Ya no leo la prensa —contestaba con desprecio.

Esa primavera, la guerra se recrudeció en la zona del Ebro. Comenzó la ofensiva de Aragón. En enero, los nacionales recuperaron la ciudad de Teruel. En marzo cayeron Alcañiz y Caspe y en abril Lérida. A mediados de ese mes, los franquistas tomaron Vinaroz y partieron en dos la España republicana.

Entre los rumores que corrían en el lado republicano estaba el de que el boxeador Paulino Uzcudun se entrenaba golpeando un saco lleno de huesos de fusilados. Más tarde se dijo que utilizaba de *sparrings* a prisioneros rojos. Uzcudun, con graduación de teniente de Artillería, luchaba entonces en la zona de Sabiñánigo. No muy lejos de allí, a ocho kilómetros de Zaragoza, estaba el campo de concentración de San Juan de Mozarrifar. En él, en una granja de trigo, estaban recluidos soldados de Éibar, de Elgueta, de San Sebastián, de Tolosa... Uno de ellos era Marcial Olaizola, de Zarauz, un soldado de veintiún años del Batallón Itxarkundia que había sido trasladado allí tras la rendición de Santoña. Entre los rumores que corrían por el campo había uno que tenía al joven Marcial sumido en un profundo terror hasta el punto de que le impedía pegar ojo por la noche. Se contaba que Paulino Uzcudun aparecía de vez en cuando por San Juan de Mozarrifar para hacer lo que llamaban el careo. Obligaba a formar a los presos, a los que no conocía de nada, y decía «éste» o «ese otro» o «aquel de allí». Supuestamente, a las personas que elegía se las llevaban en un camión viejo y nunca más volvían. El joven Marcial, que había visto pasear a Uzcudun por las calles de Zarauz, estaba horrorizado. Temía que el boxeador lo pudiera reconocer.

Entretanto, el doctor Ladis Goiti fue trasladado al penal del Puerto de Santa María, en Cádiz. La vieja idea de enfrentar a Isidoro Gaztañaga y Paulino Uzcudun, que ahora representaban a la República y a la España nacional, ya no iba a ser posible.

—Nadie lo encuentra. ¡No sabemos dónde está!
—Id a La Casamata. Seguro que está allí. Lo han visto muchas veces en ese antro.

La Casamata era un burdel muy conocido de las afueras de Barranquilla, Colombia. Un edificio de tres pisos, con bar, salón, música ruidosa y habitaciones de diferentes precios y categorías. Las prostitutas también estaban divididas por categorías y a cada una le correspondía trabajar en un piso diferente. Aquel día faltaban muy pocas horas para el comienzo del combate, e Isidoro Gaztañaga seguía sin aparecer. Hacía unos meses que se había trasladado a Colombia.

—El destino —decía— ha querido que sea Barranquilla. Y todo es por Yoseline.

En Colombia peleaba sólo por pelear, y lo mismo ganaba que perdía o hacía combate nulo. A un reportero del *Diario de Barranquilla* que le señaló su muy bajo estado de forma le dijo:

—Cada uno sabe lo suyo, y yo sé muy bien que las cosas a la fuerza no resultan nunca buenas. Lo que más me carga en esta vida es hacer por fuerza lo que no tengo ganas de hacer. El otro día no tenía ganas de pelear y así se lo dije al mánager, pero él se empeñó en que boxeara viniéndome con el cuento de que estaba el contrato firmado y tuve que subir al ring quieras o no. ¿Hay derecho a esto? Y como no lo hay, pues no quise pelear, ¿lo quieres más claro?

Aquel día tenía una pelea un poco más difícil, y por la mañana salió solo al campo para respirar aire puro. La pelea era a las seis de la tarde. Su mánager lo buscaba por todas partes, pero nadie sabía dar razón de su paradero. El promotor se tiraba de los pelos porque la entrada era estupenda. E Isidoro seguía sin aparecer. ¿Qué hacer? Después de preguntar en todos los centros médicos y comisarías, el mánager cogió un coche y salió en busca del desaparecido. Lo encontró al lado de la carretera, tumbado a la bartola a la sombra de un árbol y roncando como un bendito ajeno a la desesperación de los organizadores. Lo metió en el coche y llegaron al estadio con el tiempo justo para darse una ducha y cambiarse de ropa. Isidoro subió al ring como quien sube al patíbulo, maldiciendo a quienes habían interrumpido su siesta para ponerlo a repartir puñetazos.

Otra tarde, el mánager y dos acompañantes acudieron directamente al bar de La Casamata y lo encontraron en una de las mesas del fondo rodeado por tres fulanas.

—¡Ahhh! Estáis aquí —dijo sonriendo—. Mirad, estoy con Yoseline, Marcia y Lidia.

Gaztañaga estaba medio borracho, con la botella de ron casi vacía. Sin decir nada, el mánager y sus acompañantes lo sacaron medio a rastras. Él se dejaba hacer. Antes de salir, gritó:

—¡Yoseline, espérame! ¡Ya sabes que volveré!

Lo metieron en la ducha y lo tuvieron a remojo durante un cuarto de hora. A pesar de su lamentable estado, subió al ring y consiguió vencer el combate.

Ahora Gaztañaga, en cuanto podía, se escapaba hasta La Casamata para poder estar con Yoseline.

—Yoseline, ya estoy aquí. Hazme un sitio —le decía en cuanto aparecía en su habitación.

Yoseline se llamaba en realidad Rosamunde Zweitter. Había sido la esposa del empresario alemán Hans Krügger y, tras conocer a Isidoro en el transatlántico, habían mantenido un tórrido y escandaloso romance escondidos en un hotel de Vigo. Tras divorciarse, Rosamunde, que era vienesa, se había casado con otro hombre en Nueva York, donde trabajó como concertista de piano y como modelo en una de las mejores casas de modas. De allí se trasladaron a México. El segundo marido de Rosamunde tenía manía persecutoria (los alemanes no eran bien vistos en México a causa del nazismo) y se pasaba el día temblando de miedo. Para superar sus temores se dio a la bebida y acabó contagiando a su mujer. Acabaron los dos alcoholizados. Los amigos trataban de impedir que ella siguiera bebiendo. Retiraban las bebidas de su casa y en las fiestas daban instrucciones para que no le sirvieran más que zumos. Pero ella se acercaba a cualquier amiga y le preguntaba:

—Querida, ¿no tendrías que ir al baño?

Algunas amigas, apiadándose de su situación, le seguían el juego. Al ir al baño dejaban la copa de champán y Rosamunde se la bebía.

Un día fue a que le echaran las cartas, que le vaticinaron un futuro muy negro. Tiempo después, su marido se suicidó y ella terminó de prostituta de lujo en Veracruz. Pasados unos meses se trasladó a Barranquilla.

Tumbados en el camastro de La Casamata con la botella de ron medio vacía, Isidoro Gaztañaga, el bello Izzy, y Rosamunde Zweitter, Yoseline, hablaban de los buenos tiempos y añoraban Europa, él su querido País Vasco, ella su amada Viena.

—¿Dónde está el collar de perlas que te regalé? —preguntó él.

—Aguantó conmigo mucho tiempo, pero en Veracruz lo tuve que vender.

Tres semanas después, Gaztañaga no consiguió ganar a un contrincante mucho más débil, el púgil jamaicano Jamaica Carnera, y hubo combate nulo. Isidoro Gaztañaga, que un mes antes había ganado con facilidad al mismo Jamaica Carnera, un gigante de casi dos metros de estatura, ya no estaba en forma. Entregado a la *dolce vita*, a Yoseline y a la bebida, subía al ring con demasiado peso. No era ni la sombra de sí mismo. Boxeaba sólo por dinero, que gastaba a manos llenas, y a veces el combate saltaba del ring a la calle, por lo que sus altercados aparecían al día siguiente en la prensa de Barranquilla.

Un reportero local, Chelo de Castro, informó así de uno:

> También en la vida de Gaztañaga hubo otra pelea desigual, pero no a los puños, porque no se habría concebido jamás, entre Bejuco Benedetti e Isidoro. Se produjo en el *dancing* de la calle San Blas. Resulta que cuando Bejuco llegó al sitio encontró a su moza en una mesa donde estaba Gaztañaga, quien la abrazaba y la festejaba.
>
> ¡Dios del cielo! ¡Para qué fue aquello! Pelea no podía haber, pues Bejuco llegaba a las 100 libras de peso de pura vaina, y Gaztañaga rondaba las 225 libras.
>
> ¿Qué hacer? ¡Lengua con ese maldito español! Bejuco comenzó por insultar a España, «tierra de cabrones, toreros y curas», tronó atrevidamente. Pero como a Gaztañaga le importaba un carajo aquello, Bejuco terminó por mentarle la madre a Gaztañaga. Isidoro saltó del asiento y Bejuco también saltó, pero hacia la escalera, ¡que bajó en un santiamén! Y querebe, querebe para salir a la calle y perderse del lugar.

Ante rivales de poca entidad, Gaztañaga volvía a ponerse los guantes sin estar en forma y, aun así, vencía el combate. Venció por KO en el segundo *round* ante Juan Valdez. Todos los combates llevaban aparejada alguna anécdota estrafalaria. Contaba el reportero Chelo de Castro en su crónica deportiva del día siguiente:

> Isidoro, en una pelea con un cubano. La pelea era a las cuatro de la tarde y el cubano, no se sabe por qué, almorzó cerca de las dos. Sonó la campana y, luego de unas fintas, Gaztañaga le mandó al cubano un derechazo al plexus y lo enroscó en la lona. Y

cuando sus ayudantes lo fueron a levantar les pegó el olor ¿Qué olor? El olor del caso que fue una comidilla en Cartagena y en Barranquilla.

Pero, hombre de Dios, ¿qué clase de olor?, se está preguntando. Y usted se hace el pendejo. Bueno, sin faltas de respeto. Se lo vamos a decir: ¡olor a materias fecales! Y no salga con otra pregunta que no la vamos a contestar. El cubano pagó cara su torpeza de haber almorzado tarde.

Instalado en Barranquilla, Isidoro Gaztañaga combatía con cualquiera que le presentaran siempre que el mánager del otro fuera con el dinero por delante. En el Teatro Colombia de Barranquilla se enfrentó al púgil local Jerónimo Triviño, más conocido como «el Caimán del Sinú». Le bastó con darle un único y terrible golpe para vencer por KO en el segundo asalto. Narraba el comentarista deportivo:

> Allí se dio el *knocaut* que siempre habíamos querido ver a cargo de pesos completos. Fue en el Teatro Colombia, entre el Caimán del Sinú (Jerónimo Triviño) e Isidoro Gaztañaga. El sonido de aquel guantazo que pegó Gaztañaga lo conservaremos en nuestra mente por mucho tiempo. Fue comenzando el segundo asalto y el Caimán causó gran estrépito al caer a la lona.

Al poco tiempo de que en España concluyera la guerra civil comenzaba en Europa una guerra aún mayor. Se esfumó para Isidoro y Rosamunde la idea de regresar a Europa. Ahora a Gaztañaga le costaba encontrar rivales. En Girardot, Colombia, perdió contra Jamaica Carnera, al que en otra época había dominado con suma facilidad. En los labios de Gaztañaga sólo había una frase que repetía constantemente:

—Ya todo me da igual.

En el País Vasco, la familia de Ladis Goiti, tras dudarlo mucho, se decidió a enviar a casa de Uzcudun una carta pidiendo que se intercediera por él y se hicieran las gestiones necesarias para su excarcelación de la prisión del Puerto de Santa María. Pasó el tiempo. Luego escribieron una segunda carta. Tampoco hubo respuesta. El doctor Goiti continuó durante años en presidio.

25
Soledad

La ciudad de La Paz, en Bolivia, está en una meseta a 3 700 metros de altitud sobre el nivel del mar. Después de una larga temporada alejado del mundo pugilístico, Isidoro Gaztañaga reapareció en La Paz para enfrentarse al chileno Arturo Godoy. Arturo Godoy era uno de los buenos. Estaba considerado uno de los diez mejores boxeadores del mundo. Se proclamó campeón de América del Sur y en Estados Unidos se enfrentó a Joe Louis por el título mundial de los pesos pesados. Nadie hasta entonces le había aguantado los quince asaltos al Bombardero de Detroit. El chileno lo logró, pero perdió por fallo dividido. En la revancha, ese mismo año, el norteamericano derrotó al chileno en el octavo *round*. Pocos meses antes de enfrentarse a Isidoro Gaztañaga volvió a conquistar el título de campeón de América del Sur. Se mantenía, por tanto, en buena forma.

 El combate levantó una gran expectación en toda Bolivia y congregó a unos quince mil espectadores. Aunque uno estuviera en mejor estado de forma, se trataba de dos primeras figuras. Arturo Godoy tenía treinta años, Isidoro Gaztañaga treinta y siete.

 En los primeros asaltos se repartieron los golpes por igual. Luego, un golpe de Godoy dio en la cara a Gaztañaga. Éste cayó y las cuerdas del cuadrilátero, poco tensas, hicieron que los dos púgiles se precipitaran fuera del ring. La peor suerte se la llevó Isidoro, que se hizo una brecha en la frente y perdió el conocimiento. Todo había sido un accidente pero, cuando volvieron a subir al ring, Godoy fue proclamado vencedor por KO técnico, una decisión muy protestada por el público.

En ese ring boliviano concluyó la carrera de Isidoro Gaztañaga, el púgil vasco del que el *New York Times* había dicho: «Ha llegado a Nueva York el hombre capaz de derribar de un puñetazo el Puente de Brooklyn».

Desde La Paz hasta la villa de La Quiaca, que hace frontera entre Bolivia y Argentina, hay 1 100 kilómetros por carretera. *Quiaca* es una palabra aimara que significa «piedra cortante». La Quiaca, situada en el altiplano, era importante porque por allí pasaba la vía ferroviaria que comunicaba ambos países. En los años cuarenta y cincuenta había allí una colonia vasca muy activa e influyente. Los vascos de La Quiaca eran propietarios de lecherías, tiendas de comestibles y tahonas o dirigían escuelas y centros deportivos.

Tiempo después, los amigos del club GU se preguntarían a qué habría ido Isidoro Gaztañaga hasta aquella ciudad remota. ¿Qué hacía Gaztañaga en La Quiaca? ¿Estaba buscando un nuevo combate? ¿Quería divertirse? ¿Esperaba olvidar los tiempos pasados?

—¿Te imaginas que entrara ahora mi esposo y nos pillara desnudos? —bromeó Soledad.

Soledad Insunsa era la mujer de Raimundo Gálvez, respetado comerciante de la localidad.

—Seguro que lo has preparado todo para que no ocurra —respondió Isidoro.

—Ya lo sabes, Izzy. Mi marido se ha marchado a la estancia y no vuelve hasta mañana. Y esta tarde he dado fiesta al servicio para que nos dejen tranquilos. Quería ponerte nervioso.

Soledad calló un momento y pasó la mano por la abundante cabellera de Isidoro, que no replicó.

La habitación, llena de cuadros y muebles de estilo colonial, tenía una enorme cama de caoba con cuatro columnas que se alzaban hasta el techo. Una mosquitera de seda, a la manera de un baldaquino, protegía el lecho. Soledad e Isidoro yacían desnudos sobre las sábanas revueltas.

Dos veces a la semana, Raimundo Gálvez, en compañía de un criado, partía a caballo hacia su hacienda La Milana. Soledad Insunsa aprovechaba la circunstancia para ver a Gaztañaga después de la comida. El atractivo boxeador era la envidia de sus amigas, que, en sus reuniones dominicales en el club de recreo Bella Vista, insistían en la suerte que había tenido de cazar a un amante tan apuesto.

—Me lo tendrías que pasar un día —dijo Fifi de Suances—. Solamente para probarlo, y después te lo devolvería.

—Y luego a mí —intervino Celina Bustamante entre las risas de las demás.

—¡Izzy es mío y basta! —cortó Soledad Insunsa sonriendo y dando una palmada en la mesa—. Esta vez la suerte me señaló a mí. Y debo aprovecharla.

—Está bien —concluyó Fifi—, pero cuando te canses de él recuerda que voy la primera.

Al anochecer, tras pasar la tarde con Soledad, Isidoro se dirigió a la pulquería que solía frecuentar. Estaba en la plaza, entre el Gran Hotel Savoy y los Almacenes El Sol.

—Lucho, sírveme lo de costumbre.

—Enseguidita, Izzy —contestó el camarero secándose las manos en el mandil.

—No tan deprisa, amigo. Antes véngase para acá.

Un hombre recién llegado se había quedado en el umbral. Isidoro volvió lentamente la mirada hacia la puerta y vio a un sujeto de estatura mediana que gesticulaba con las manos y hablaba en voz alta para que lo oyeran en toda la cantina.

—Ya todos sabemos que el gran boxeador se beneficia a mi Graciela. Yo vengo a desafiar a ese engañador.

Isidoro ni se inmutó. Estaba más que acostumbrado a tanganas y peleas de taberna. Supuso que se avecinaba otra más y que acabaría resolviéndose a puñetazos. Si algo no le importaba era cruzar sus puños con alguien. Dejó el vaso en la barra y se dispuso a quitarse la chaqueta. Entonces un disparo resonó con fuerza en toda la pulquería y enseguida otro más. Y luego un tercero. Isidoro cayó primero hasta quedar de rodillas y a continuación se desplomó en el suelo. Su impoluta camisa blanca se empezó a manchar de rojo y, al cabo de un rato, en el suelo había un charco de sangre a su alrededor. Alguien salió corriendo a avisar a los alguaciles.

Al día siguiente, el diario argentino *Informaciones* contó que el gran boxeador Isidoro Gaztañaga había muerto a tiros en una reyerta en La Quiaca. Lo había matado un cholo llamado Raúl Carreta, de quien se decía que era un marido burlado. Más tarde, durante el juicio, el tal Carreta se mostraría arrepentido y confesaría no saber cómo había podido cometer la infame acción.

La prensa comentaba que Gaztañaga, como buen vasco, había creído que la lucha iba a ser a puñetazos, y aún le dio tiempo de soltar un par de ellos mientras caía redondo ante el taita que le disparó. Se afirmaba que a Gaztañaga, juerguista y altanero, le gustaba beber, pero que jamás nadie había hablado mal de él. Ni siquiera el asesino, el taita Carreta, que el día del juicio confesó: «Lo maté por una tontería y me arrepiento de haberlo matado porque era un hombre muy divertido y salir a la noche por el pueblo con los amigos ya no será lo mismo sin él».

El doctor Ladis Goiti, después de cumplir unos años de prisión, regresó a Tolosa y se enfrentó al problema de tener que rehacer su vida ya que los franquistas le habían robado la clínica.

El grupo del club GU se había dispersado. Varios de ellos habían muerto durante la guerra y otros habían partido al exilio en tierras americanas. El local del club había sido arrasado y los pocos amigos que se juntaban lo hacían en el Café Frontón.

La noticia del asesinato de Isidoro Gaztañaga en Argentina cayó como una bomba. Nadie habría imaginado un final así. Era la última semana de junio: Sanjuanes y fiestas patronales de Tolosa. En el

Frontón Beotibar se celebraba ese día una velada de boxeo y lucha libre. Actuó como árbitro Paulino Uzcudun que, en un momento dado, fue derribado por error por uno de los luchadores. La inesperada voltereta del antiguo boxeador hizo que la gente se riera con ganas.

Durante la tertulia del día siguiente en el café, Jeromo Sansinenea preguntó a Ladis Goiti:

—¿Qué? ¿Fuiste anoche a ver la charlotada de Uzcudun?

—No, no fui. No tengo ningún interés en ver a ese tipo —Goiti cambió de conversación con aspereza.

26

Rosario

—Buenos días, doctor. ¡Y felicidades!
El doctor Ladis Goiti salió de su dormitorio y se dirigió al comedor.
—Muchas gracias, Rosario. No todos los días se cumplen sesenta y cinco.
—También yo celebro algo. Justo hoy hace diez años que trabajo en esta casa. El día que usted me contrató cumplía cincuenta y cinco.
—¿En serio? Ya no me acordaba. Bueno, doble celebración. Cuando puedas, trae de la pastelería una bandeja de pasteles.
—Tengo la compra por hacer. O sea que ahora mismo bajo a la calle.
Rosario, la de Erkizia, dejó la bandeja del desayuno en la mesa del comedor y se retiró a cambiarse. El doctor Goiti recorrió el largo pasillo y entró en el salón en el que diariamente pasaba consulta médica. A las nueve y media Rosario regresó del mercado con la compra. Hacia las diez menos cuarto empezaron a llegar los primeros pacientes. Rosario, con cofia y bata blanca, les abría la puerta y los hacía pasar a la sala de espera. El doctor Goiti comenzaba la consulta a las diez de la mañana.
Ese día, hacia las once y media, sonó el teléfono. Como siempre, Rosario se apresuró a cogerlo.
—Consulta del doctor Goiti. ¿Diga?
Rosario recorrió el pasillo y llamó a la puerta.
—Don Ladis, es para usted. Llaman de Madrid.

Ladis Goiti se puso al teléfono.
—Dígame.
—¿Doctor Goiti? Buenos días. Mire, le llamamos de Televisión Española. ¿Vendría usted a Madrid para participar en un programa de televisión en directo? Se trata del gran homenaje que se le va a hacer al que fue famoso boxeador Paulino Uzcudun. Sabemos que fue usted quien ayudó y aconsejó a Uzcudun en sus inicios, cuando siendo un desconocido se desplazó a París, etcétera... Sería la semana que viene y, por supuesto, le pagaríamos los gastos de desplazamiento y de hotel, además de...
—No, mire. No voy a ir. Acabo de llegar de un viaje muy largo y estoy cansado. He estado en América, visitando la tumba de otro boxeador vasco que fue muy amigo mío. Isidoro Gaztañaga. ¿Le suena?
—Pues, no. La verdad es que no recuerdo...
El doctor Goiti colgó el teléfono y se encaminó hacia la consulta. Desde la cocina, Rosario, la de Erkizia, que había escuchado toda la conversación, dijo:
—Ha estado usted muy bien, don Ladis. Hace bien en no ir al homenaje de ese sinvergüenza.
El doctor no dijo nada y siguió su camino con la cabeza gacha.
Más tarde, en el aperitivo de los amigos del club GU en el Café Frontón, el doctor Goiti dijo a Jeromo Sansinenea:
—No estoy cansado. No voy a Madrid porque, de ir a ese programa de televisión, habría tenido que decir la verdad. Y la verdad es que Paulino Uzcudun es un miserable.
—Muy bien, Ladis —sonrió Jeromo—. Estoy completamente de acuerdo contigo. Vamos a brindar por la decisión que has tomado. Y por tu cumpleaños. ¡Camarero, traiga una ronda de ron para todos!

Índice

Prólogo   5

1. Mireille   11
2. Simone   15
3. Rosarito   21
4. Cecilia   23
5. Joaquina   25
6. María   29
7. Nicolasa   33
8. Hadley   37
9. Mary   41
10. Julia   45
11. Maritxu   51
12. Clara   55
13. Tina   65
14. Lucinda   79
15. Áurea   87
16. Elena   95
17. Kitty   107
18. Rosario Inés   111
19. Irene   115
20. Rosamunde   119
21. María, la hermana   127
22. Celia y Beatriz   135
23. Lola   143
24. Yoseline   147
25. Soledad   155
26. Rosario   161

· ALIOS · VIDI ·
· VENTOS · ALIASQVE ·
· PROCELLAS ·

© Joxemari Iturralde
© Malpaso Ediciones, S. L.U
c/ Diputación, 327 Ppal. 1.ª
08009 Barcelona
www.malpasoed.com

ISBN: 978-84-16420-43-8
Depósito legal: DL B 29674-2015
Primera edición: febrero 2016

Imagen de cubierta: © Bettmann. Paulino Uzcudun,
1929. Hoosick Falls, New York State, USA.

Impresión: Novoprint
Maquetación y corrección: Ātona Víctor Igual, S. L.

Bajo las sanciones establecidas por las leyes, quedan
rigurosamente prohibidas, sin la autorización por
escrito de los titulares del copyright, la reproducción
total o parcial de esta obra por cualquier medio o
procedimiento mecánico o electrónico, actual o futuro
–incluyendo las fotocopias y la difusión a través de
Internet y la distri...
mediante alquiler...